건축의
의 경

건축의 의경

建 築 的 意 境

동양과 서양의 건축은
어떻게 다른가

샤오모
지음

박민호
옮김

글항아리

독일 쾰른 대성당 앞 광장에 서서 높이 150미터에 달하는 첨탑을 바라보면, 우리는 곧 전율을 느끼게 된다. 수직으로 하늘을 찌르는 이 건축물은 오로지 돌을 깎고 쌓아 만든 것이다. 그 앞에 서면 인류의 위대함에 탄복하게 된다. 1248년에 착공하여 19세기 말 완공된 이 성당은 650년 동안 북유럽에서 가장 큰 성당이었다. 성당 표면은 대체로 수직선으로 이루어져 있으며, 첨탑은 하늘을 향해 솟아 있다. 이 건물의 거대한 석조물들은 마치 지면으로부터 이탈하여 공중으로 솟구치는 듯한 자세를 보인다. 이를 바라보는 사람들의 영혼도 함께 날아올라 천국의 신에게 도달할 것만 같다. 기독교가 선양하는 탈속의 정신을 풍부하게 나타내고 있는 것이다.(그림 02-27 참고)

하지만 태화전太和殿 광장에 선다면 전혀 다른 느낌을 받을 것이다.

전체 건축물은 정원의 형식에 따라 횡으로 전개돼 있으며 대전大殿의 높이도 30여 미터에 불과하지만, 그 성격과 의미는 더욱 깊고 풍부하게 표현돼 있다. 장중함과 엄숙함 속에 평화로움, 고요함, 장엄함 등이 함축돼 있는 것이다. 장중함과 엄숙함은 '예가 차이를 분별한다藝辨異'는 사유를 드러내며, 여기에 임금과 신하, 존귀함과 비천함을 나누는 계층 질서, 천자의 권위가 강조돼 있다. 또한 평화로움과 고요함은 '악은 같은 것을 통일한다樂統同'는 사유를 함축한다. 이는 사회의 화합을 강조하고 민심을 엮어 조화와 안정을 꾀하기 위해 천자가 마땅히 따라야 할 '애인愛人'의 '인仁' 사상을 나타낸다. 여기에 천자의 존엄과 인자함, 후덕함이 동시에 표현돼 있으며, 아울러 황제 통치하의 위대한 제국의 기개가 뿜겨져 나온다.(그림 03-08 참고, 103쪽)

위의 두 건물은 서양과 중국의 고대 건축물의 풍격과 그 차이를 총체적으로 대변해준다. 그러나 만일 이처럼 건축물의 본체를 감상하는 데 머무른다면 더 이상의 내용 서술은 불가능할 것이다. 더욱 심도 있게 문제를 탐구하려면 다음과 같은 물음을 제기해야 한다.

- 왜 서양 건축에서는 교회 건축의 성취가 가장 뛰어났고, 중국은 궁전 건축의 성취가 가장 뛰어났나?
- 왜 서양 교회 건축은 주로 돌을 사용했고 중국 궁전은 주로 나무를 사용했나?
- 왜 서양에서는 높이 솟아오르는 형상을 강조하여 도달 가능한 한계점까지 석재를 쌓아올렸으며, 중국 건축은 횡으로 확장하는 형상을 강조하고 주위의 건축물이 대전을 돋보이게 하여 대전의 위대함을 나타내려 했을까?
- 왜 서양 건축물의 내부 공간은 깊숙하여 변화무쌍하고 예측할

수 없는 반면, 중국 궁전의 내부는 단순 육면체로 정중앙을 강
조하여 황제의 보좌 위치를 돌출시켰을까?

• 왜 서양에서는 외부 공간이 발달하지 않았는가? 어째서 서양 건
축물은 다른 공간과 연관성이 없는 작고 불규칙적인 광장을 만
들어 건물에서 멀리 떨어지지 않고서는 건물 전체를 조망할 수
없으며 적당한 촬영 각도를 찾을 수 없게 했을까? 반면 왜 중국
건축은 좌우 180미터의 거대한 정방형 광장을 두고 그 앞뒤로
다른 광장을 배치하여 주 광장을 돋보이게 했을까?

이렇듯 수많은 '왜'를 던지면서 건축의 비교 연구가 시작될 수 있
을 것이다. 그러나 서구와 중국의 건축물이 지닌 예술 형식상의 유사
점과 차이점을 비교하는 것보다 더 중요한 것은, 그 안에 깃든 깊은
문화적 의의를 발견하는 것이다. 1984년 『신건축新建築』에 「중서中西
비교를 통해 본 중국 고대 건축의 예술적 성격」을 발표한 이래로, 나
는 줄곧 이 문제를 이론적으로 깊이 탐구해왔다.

졸저 『중국건축예술사』의 서문에서 나는 이렇게 말한 바 있다.
"학술 영역에서 '비교'의 방법은 매우 효과적이다. 마르크스, 엥겔스
는 비교해부학, 비교식물학, 비교언어학을 평가하며 다음과 같이 말
했다. '이러한 과학은 비교 대상 간 차이의 확정을 통해 큰 성과를 거
뒀다.' 그러나 우리는 단순하고 거의 본능에 가까운 '비교'(엄격히 말
하면 단지 '유비類比'일 따름인)와 마르크스가 말한 과학적 비교를 구분
해야 한다. 둘의 가장 큰 차이는 전자가 사물의 표면에 머물러 체계
없이 현상적으로 '그것은 무엇인가'에 주의를 기울이는 반면, 후자는
사회, 역사, 문화의 깊이와 실질로 나아가 '어째서'라는 물음을 통해
총체성과 체계성에 도달한다는 점에 있다. 연구 방법으로서의 과학

적 비교는 근대에 들어와 차츰 형성된 것이다."

또한 다음과 같이 서술한 바 있다. "오늘날 역사학의 조류가 묘사에서 해석으로 전환되면서, 학계에서 과학적 비교 연구가 중시되고 있다. 총체적이고 문화적인 시야에서 새로운 역사학을 연구하기 위해서 연구자가 비교 연구로 나아가도록 '압박'해야 한다. 왜냐하면 고립된 사실들에 대한 개별적 묘사로는 총체적인 결론을 도출할 수 없기 때문이다. 심지어 영국의 현대 역사 이론가 제프리 배러클러프G. Barraclough는 이렇게 단언했다. '비교역사학이 미래의 역사 연구에서 가장 전도유망한 추세라는 말은 틀림없는 사실일 것이다.'"

건축은 매우 복잡하고 거기에는 자연과학, 사회과학, 예술학 등 다양한 속성이 포함돼 있다. 건축의 비교 연구도 역시 대단히 곤혹스러운 일이다. 건축에 대한 인식의 가장 핵심적인 고리는 결국 문화로 귀결될 수밖에 없다. 비록 건축의 예술 형상으로부터 연구를 시작한다 하더라도, 진정한 과학적 방식은 결국 건축 문화 비교를 향할 것이다.

그럼에도 필자는 앞서 출간한 『중국건축예술사』에서 그 임무를 완수하지 못했다. 왜냐하면 그 책은 주로 중국 건축을 다루었기 때문이다. 중국 건축의 지역적·민족적·시대적·유형적 풍격 등을 비교하면서도 외국의 건축 문화와 많이 비교하지 않았다. 그 뒤 여러 권으로 구성된 『세계건축예술사』를 편찬했는데, 상당한 노력을 기울였지만 결과는 그리 이상적이지 못했다. 그토록 많은 지역, 민족, 국가, 건축 체계와 풍부한 실례 등을 건축예술학적으로나 문화학적으로 하나하나 서술하는 일은 대단히 어려웠다. 세계의 건축 문화를 실례를 들어 비교하고, 그 예술성과 역사적·문화적 배경에 대해 체계적으로 분석하고 설명하는 것은 요령부득이었다. 그래서 상술한 두 권의 책을 문화 비교라는 관점에서 보충하여 건축 문화 비교(주로 중국과 서양을 비교하지만 이슬람 건축까지를 아우르는)를 압축적이고 가독성이 있으며 두껍지 않은 책으로 구성하고자 했다. 최소한 이런 책은 독자들을 겁에 질리게 하지는 않을 것이라 여겼다.

하지만 시간이 흐르고 흘러 필자도 어느덧 여든을 바라보는 나이가 됐다. 몸도 말을 듣지 않고 가족들도 말리는 통에 할 수 없이 작업을 그만둘 수밖에 없었다. 이 무렵 중화서국中華書局의 편집자 주링朱玲 여사의 전화를 받았다. 희한하게도 원래 그녀는 내게 전화를 걸 생각이 아니었는데, 통화중에 서로에 대해 조금씩 알아가며 거리낌 없이 몇 마디를 나누게 되었다. 그 뒤 그녀는 나의 회고록 『일엽일보제一葉一菩提, 둔황에서의 15년』을 읽고 감동을 받아 직접 우리 집에 찾아와 책 한 권을 집필해줄 것을 간곡하게 부탁했다. 당시로서는 책의 내용에 대해 어슴푸레한 아이디어만 갖고 있을 뿐이었다. 그러나 그녀는 미리 약속이나 한 듯 나를 대신해서 책의 아이디어를 구상해줬고, 조금씩 잠들어 있던 야심을 일깨워 모든 생각을 명확하게 만들었다. 그녀는 이 책을 건축을 애호하는 지식인 독자를 위한 책으로 상정했다.

시험 삼아 몇 개의 장절을 집필하기 시작했는데, 집필 전 장절의 배치에 가장 많은 심혈을 기울였다. 몇 가지 방안을 짜내봤지만 모두 마음에 들지 않아 포기했다. 마지막으로 선택한 것이 바로 이 책의 체제였다. 이 체제를 통해 기본적인 집필 의도가 반영될 수 있었다.

다음에서 몇 가지 문제를 설명하고자 한다.

1.

고대 세계에는 대략 일곱 가지 주요 건축 체계가 존재했다. 이집트,

메소포타미아 유역, 인도, 중국, 고대 아메리카, 서양(유럽과 근현대 이래의 미국), 이슬람을 말한다. 이 가운데 다수는 여러 원인으로 발전이 중단됐고, 중국과 서양, 이슬람만이 비교적 최근까지 자신의 생명력과 영향력을 지속했다. 그중에서도 중국과 서양의 체계는 역사가 가장 오래됐고 영역이 가장 광범위하며 성취와 영향력도 가장 크고 깊다. 고심 끝에 제한된 편폭으로 여러 문제를 다루기 위해 이 두 건축 체계를 비교하는 것을 중심으로 서술했다. 이슬람 건축은 다른 건축 체계가 상당히 성숙한 다음 비로소 발전하기 시작했으며, 주로 서구와 메소포타미아의 영향을 받아 비교적 뒤늦게 발생했다. 그러나 이슬람 건축 체계는 광범위한 영역에 분포돼 독특한 성취를 이뤘으므로, 이 책에서는 부분적으로 기술했다.

2.

이전에 출판한 저작은 대부분 편년체와 기사 본말체의 혼합된 형태로 쓰여졌다. 편 제목과 장 제목은 모두 시대의 선후에 따라 정해졌고, 내용은 기사 본말체로 건축 유형의 중요도에 따라 짜여졌다. 이 책의 내용은 오로지 건축 예술과 건축 문화를 비교한 것으로, 분량이 비교적 적기 때문에 이전의 체제를 되풀이할 수 없었다. 이에 이 책에서는 몇 차례 시도 끝에 건축 예술이 나타내는 면모를 통해 건축 문화의 유사점과 차이점을 실례로 보여주며 전체 모습이 드러나도록 했다.

건축이 우선적으로 나타내는 것은 그것의 형체와 그것이 형성하는 내부 공간이다. 이를 결정하는 근본적인 요소는 문화이고 건축은 그 매개물이다. 따라서 1장과 2장에서는 주로 중국과 서양의 건축 구조와 형체, 내부 공간을 소개했다. 중국 건축은 나무 구조를 본위로 삼아 재료역학의 성격과 척도의 영향을 받기 때문에 형체와 내부 공간이 상대적으로 단순하고 석재 구조를 본위로 삼는 건축에 비해 그리 풍부하지 않다.

3장과 4장에서는 중국과 서양, 이슬람 건축의 외부 공간을 주로 비교했다. 분명 신은 공평하기에 한쪽 문을 닫으면 반드시 한쪽 창문을 열기 마련이다. 외부 공간을 만드는 데서 중국 건축은 서양과 이슬람의 독특한 성취를 크게 뛰어넘었다. 중국의 건축은 군체群體의 조합을 중시했다.(예전에 '군群'이 중국 건축의 영혼이라 말한 적 있다.) 군체 조합 형식의 정원은 다채로운 외부 공간을 창조한다.

5장부터 8장까지에서는 중국과 서양의 원림園林과 도시를 나눠 서술했다. 중국과 서양의 서로 현격히 다른 자연관은 원림의 조성에서도 차이를 낳았다. 또한 중국과 서양의 도시가 성격 면에서 많이 다른 것도 양자의 도시 면모에서 차이점을 야기했다. 이러한 차이점은 형체나 내부 공간, 외부 공간만으로 해명될 수 없기 때문에 이 네 장에서 각각 보충적으로 설명했다.

9장에서는 중국의 독창적인 환경 예술을 다루었다. '환경 예술'은 외국에서 유입된 듯한 신조 유행어로 실내 설계를 주로 가리킨다. 그러나 일종의 관념이자 방법으로, 실내에 국한되지 않고 실외로 확장될 수 있는 개념이라 본다. 사실상 중국은 맨 처음 이런 관념과 방법을 지녔던 나라로, 이 방면에서 주목할 만한 성과를 거둔 바 있다. 이 장에서는 이를 주로 다룸으로써 기존의 상식을 해체하고자 했다.

10장에서는 서양 근현대와 현대 건축의 새로운 발전 상황을 소개했다.

3.

동시에 서로 유사한 건축 유형을 한곳에 모아 독자들에게 체계적
이라는 인상을 주고자 했다. 위에서 언급한 원림이나 도시처럼 이미
표제에서 드러난 것들 외에 궁전, 제단, 민가, 사당, 교회, 이슬람 예배
당, 불탑, 능묘, 사찰 등에 관한 설명을 각 장에 유기적으로 끼워 넣었
다. 이 책을 읽은 뒤 독자들은 다양한 유형의 건축물에 관하여 기본
적으로 이해할 수 있을 것이다. 이 책은 주로 중국과 서양을 병렬하
는 방식을 취함으로써 중국과 서양 사이에 서로 상응하지 않는 각종
건축 유형에 대해 충분히 설명할 것이다.

또한 세계 유명 건축물의 예시를 보면서 이 작은 책을 세계 건축
예술의 도록으로 삼을 수도 있을 것이다. 그러나 예시는 어디까지나
예시일 뿐이며, 이것들이 모든 설명을 다 망라할 수는 없다. 독자들
이 하나를 보고 셋을 유추할 만한 능력이 있을 것이라 믿으며, 스스
로 새로운 것들을 발견해낼 수 있기를 바란다.

한편 예배당에 관한 설명에서는 최대한 관련 내용을 모아놓다보
니, 부득이 억지로 끼워 맞춘 듯한 느낌을 야기하곤 했다. 실제로 타
지마할 Taj Mahal 은 외부 공간보다는 형체가 갖고 있는 창조적 성취를
더 주목해볼 만한 곳이다. 따라서 이 책에서는 이에 대한 설명을 서
양과 이슬람 건축의 외부 공간을 다룬 장에 배치했다.

역사와 문화의 발전 궤적, 철학 관념, 문화전통, 종교적 태도, 성격
과 기질, 예술적 취향, 자연관 등의 명백한 차이는 중국과 서양의 예
술적 특징의 커다란 차이에 녹아들어 있다. 이러한 차이는 건축 예
술을 포함한 다양한 예술 속에서 표현됐다. 세계가 지구화로 치닫고
있는 오늘날, 각기 다른 예술은 서로에게 거울의 역할을 해줄 수 있
다. 그러나 지구화가 단일화를 의미하지는 않는다. 지구화는 다원화

와 병존하면서 상호 보완할 수 있어야 한다. 예술 전통의 정수는 수천 년간의 취사선택 과정 속에서 계승 발전을 통해 형성된 것이다. 따라서 단순하게 어느 한쪽을 배제하거나 스스로를 낮추려 해서는 안 된다. 중국 전통 건축의 '법法'과 그 안의 계층 관념, 종법 관념, 미신적 요소들은 이미 낡은 것일지도 모른다. 하지만 강렬한 인본주의, 전체를 중시하는 관념, 인간과 자연의 융화, 지역 문화와의 결합을 중시하는 사고 등을 비롯하여, 건축의 군체를 배치하는 방법, 외부 공간과 환경 예술에 있어서의 독특한 성취, 형체를 구도하는 기법의 우수성, 특이한 색채 운용, 장식의 인문적 성격 등 구체적인 요소들은 높은 수준, 정교함 그리고 의경意境, 중국 고전 문예비평에서 주로 사용되는 개념으로, 작가의 사상과 정서가 외부의 사물이나 풍경과 조화됨으로써 나타나는 정취를 의미의 깊이를 보여줬다. 이것들은 세계적으로도 높은 수준에 도달했고, 심지어 현대 건축물들을 훨씬 능가했다. 동일성의 추구와 차이성의 추구가 병존하는 오늘날 문화 상황에서, 이질적인 요소들은 반드시 주체적이고 신중하게 취사선택되어야 한다. 한쪽을 무조건 숭상하고 한쪽은 폄하하는 맹목적 문화 이식의 관념은 천박한 것으로, 이 책에서 추구하는 것과는 거리가 멀다.

| 차례 |

1장

따뜻하고 친근한 목재 결구와 중국 건축의 형체 및 내부 공간

건축 예술이나 건축 문화에 대해 말할 때, 부득이 무뚝뚝하고 어떠한 감정적 요소도 띠지 않는 벽돌, 기와, 시멘트, 모래, 돌, 나무, 유리, 철 등 대개 설계사가 중시하는 건축 자재에서부터 출발하지 않을 수 없다. 왜냐하면 우리는 실제적으로 어떠한 '건축'도 본 적이 없으며, 그동안 본 것이라곤 건축 자재들로 이루어진 각종 건축 부속의 조합뿐이기 때문이다. 돌이나 나무로 이루어진 기둥, 시멘트를 갠 벽돌이나 돌로 쌓은 벽, 기와로 이루어진 지붕이나 돌로 만들어진 아치 등은 과학과 예술의 규율에 따른 건축가의 창의적인 아이디어와 지혜의 응집을 통해 하나의 건축물로 재탄생된다.

자재의 질감, 색깔, 광택, 무늬 등은 본래 전체 건축물의 형상을 구성하는 미적 요소다. 그러나 건축 자재들이 이루는 건물 부속의 결구미結構美(힘의 전달 논리)와 구성미(부속이 교직·결합되는 논리) 역시 건축미의 중요한 구성 요소다. 더 중요한 것은 자재가 전체 건축 내외부의 예술 형상을 구성한다는 점이다. 형체와 공간은 가장 중요한 요소로서, 그것들을 통해서만 '건축'이 눈앞에 모습을 드러낸다.

1 / 건축의 결구, 형체 그리고 내부 공간의 개념

여기서 중국 고대 건축의 형체와 내부 공간에 대해 소개하려 한다. 형체는 비교적 이해하기 쉽다. 말하자면 형체는 주종, 비례, 척도, 대칭, 균형, 대비, 대위, 리듬, 운율, 허실, 명암, 질감, 색채, 광채 등의 형식미의 법칙에 따라 건축 형상을 이루는 점, 선, 면, 몸체를 종합적으로 운용해 다양하고 통일적이며 완정한 구도를 형성하고 도안圖案과 같은 아름다움과 유기적 조직성을 나타냄으로써 모종의 풍격을 획득한다.

건축 형체를 감상하는 것은 조소 작품을 감상하는 것과 같다. 형체는 건축이 사람에게 일차적으로 부여하는 인상이다. 사람들은 멀리서 이를 느낄 수 있다. 어떤 건축물은 오로지 형체를 통해 자신의 성격을 나타내기도 한다. 예를 들어 별다른 건축 표면 처리가 없음에도 이집트 피라미드의 단순한 정사각뿔 모양은 사람들에게 깊은 인

**그림 01-01 건축의 형체.
_샤오모 그림**
1. 이집트 기자의 스핑크스
2. 중국 허난성 덩펑의 파왕사탑
3. 미국 시카고의 폴링워터
4. 인도 아그라의 타지마할

상을 준다.

　대다수 건축물은 표면 처리를 중요하게 생각하지만, 그럼에도 형체는 여전히 중요한 지위를 차지한다. 중국의 불탑과 유럽의 탑식 건축은 모두 우뚝 솟은 형체지만, 중국 불탑은 층층의 처마가 수많은 수평선을 형성하고 그 윤곽에 풍부한 장력이 존재하는 반면, 유럽의 탑은 그와 달리 호리호리하고 위로 뻗어나가는 기세를 지닌다. 집 한 채 또는 한 그룹의 건축에서 각각의 크기와 형상, 방향이 서로 다른 형체들이 서로 조합되는 방법 역시 형식미의 법칙으로, 이는 다양하면서도 통일된 유기체를 구성한다.

　체적은 형체의 또 다른 중요한 요소다. 거대한 체적은 건축이 여타 예술과 구별되는 특징 중 하나다. 같은 형체라 하더라도 체적이 다르면 상이한 효과를 낳는다. 피라미드가 광활한 사막과 대비를 이

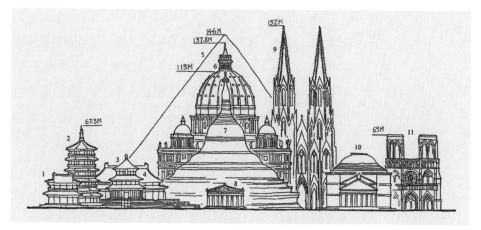

그림 01-02 건물의 체적. _샤오모 그림

1. 텐진 독락사薊縣 관음각觀音閣
2. 산시성 잉遼현 불궁사佛宮寺 석가탑釋迦塔

3. 베이징 천단 기년전祈年殿
4. 베이징 자금성 태화전太和殿
5. 이집트 쿠프 왕의 피라미드

6. 로마 성 베드로 성당
7. 미얀마 양곤의 쉐다곤파고다
8. 그리스 파르테논 신전

9. 독일 쾰른 대성당
10. 로마 만신전
11. 노트르담 대성당

뤄 수십 미터에서 백여 미터에 이르는 거대한 체적을 갖지 않았다면, 어떤 예술적 표현력을 지닐 수 있었을까? 하지만 체적의 크기가 절대적인 것은 아니다. 체적의 적절함이야말로 가장 중요한 것이다. 초인적 신성의 역량을 강조하는 유럽의 교회는 모두 놀랄 만큼 커다란 체적을 지니고 있다. 반면 철학의 이성적 정신과 인본주의를 나타내 사람이 가늠하고 감당할 수 있음을 중시하는 중국의 건축은 모두 체적이 그리 크지 않다. 원림 건축과 주택은 적은 체적을 통해 친근함, 평이함, 우아함을 추구한다.

　서로 다른 체적이 조합을 이루면서 역시 형식미 법칙이 드러난다. 벽, 지붕, 지면 등으로 둘러싸인 내부 공간도 감상의 대상이 될 수 있다. 노자는 『도덕경』에서 다음과 같이 말한 바 있다. "찰흙으로 그릇을 만드니, 그 비어 있음에 그릇은 쓰임이 있다. (…) 문과 창을 뚫어 집을 만드니, 그 비어 있음에 집은 쓰임이 있다. (…) 있음은 편리함이 되고, 없음은 쓸모가 된다." 즉 집을 만들 때 문과 창을 내는 까닭은 이 유용한 것이 단지 공간일 뿐이기 때문이다. 실체들은 둘러싸는 데 사용되지만, 정작 사람이 사용하는 것은 그로 이뤄진 공간인 셈이다. 더욱이 공간은 사용될 뿐만 아니라 풍부한 예술적 표현력을 지니고 있다. 이 또한 건축 예술이 회화, 조소와 구별되는 우월한 점이다. 심지어 어떤 이는 공간이 건축의 모든 것이라고 말하기도 한다. 이러한 논법은 비록 극단적이기는 하지만 여타 장르의 예술과 구별되는 건축의 본질을 말해준다.

공간의 형상, 크기, 방향, 트임과 닫힘, 밝음과 어두움 등은 정서에 직접적인 영향을 준다. 크고 넓게 트인 밝은 거실은 사람에게 명랑함과 쾌활함을 주지만, 비록 넓다 하더라도 축 처진 분위기의 어두운 거실은 사람에게 스트레스와 우울함, 심지어 공포를 유발하기도 한다. 좁고 길며 천장이 매우 높은 고딕풍 교회당은 신의 숭고함과 인류의 보잘것없음을 연상시킨다. 반면 좁고 길지만 천장이 높지 않은 복도는 사람을 이끄는 힘이 있어 지날 때 기대감을 품게 마련이다. 이러한 것들은 모두 공간의 예술적 파급력을 증명한다. 만약 실내와 실외를 구성하는 다양한 성격의 공간들이 일정한 예술적 구상 속에서 연결돼 서로 융합하고 스며들며, 거기에 더해 건축 실체들이 서로 다른 방식으로 처리되어 있다면 그 건축물을 통과하는 사람은 일련의 정서적 변화를 경험할 수 있을 것이다.

이는 모두 건축 자재의 결합을 통해 창조될 수 있다. 세계 7대 건축 체계를 보면, 특이하다 말할 정도는 아니더라도 한번 생각해볼 만한 현상을 발견할 수 있다. 그것은 중국의 건축물만이 목재 위주로 구성된다는 점인데, 다른 6대 체계는 부분적으로 목재를 사용하더라도 주로 벽돌과 석조 위주로 결합된다.

하나의 보에 두 개의 보머리, 그리고 그 아래 각각 하나의 기둥을

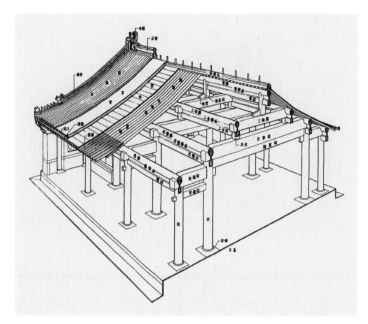

그림 01-03 대량식 보 구조.
청대, 칠름경산대목소식.
출처 『중국고대건축사』

세우는 것이 가장 단순한 형태의 골격이다. 역학적으로는 이 보를 가리켜 '단순보'라 부르는데, 이는 단순하게 지탱되는 보를 말한다. 이러한 골격은 돌을 사용하여 결구할 수 있다. 사실상 고대 이집트와 그리스는 돌로 골격을 결구했다고 할 수 있다. 그러나 돌은 그러한 임무를 훌륭하게 소화해내기 어렵다. 보가 조금이라도 길면 상부의 힘이 그리 크지 않더라도 압력을 이기지 못하고 결국 부러질 수 있기 때문이다. 서구에서는 고대 로마 이후 이러한 방식이 점차 사라졌고, 대신 아치형이 생겨났다.

수천 년 동안 중국의 건축은 나무 결구 위주였다. 목재는 비교적 가볍고 가공이 용이하며 섬유의 결이 나무를 따라 종으로 뻗어 있기 때문에, 보로 사용될 때 휘어지는 보의 하연下緣에 있는 섬유는 외부의 힘을 잘 견딜 수 있다. 또한 유연성을 지닌 나무 보는 일정한 탄

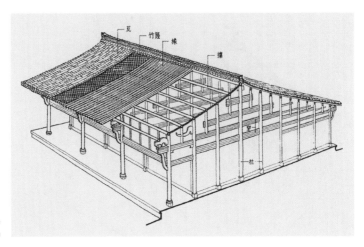

그림 01-04 천두식 구조.
출처 「중국고대건축사」

력이 있어, 보 중간 부분이 약간 아래로 구부러지더라도 부러지지는
않는다.(사전에 보 중간 부분을 위로 약간 구부러진 형태로 결합해두면 시
각적으로 그러한 구부러짐을 느낄 수 없도록 할 수 있다. 물론 장식적인 고
려가 아니라면 굳이 가벼운 재질의 나무 보에 그러한 처리를 할 필요가 없
겠지만 말이다.) 이런 방식으로 우리는 너비가 기둥의 간격보다도 큰
보를 사용함으로써 넓은 내부 공간을 형성할 수 있다.

목재 결구의 보는 주로 대량식臺梁式을 이룬다. 먼저 두 개의 기둥
이 대들보를 지탱하고 보머리와 기둥머리가 처마도리를 받쳐주며, 보
위에 두 개의 짧은 기둥을 세우고 그 위에 다시 약간 짧은 보와 도리
를 층층이 쌓는다. 마지막으로 도리를 세워 서까래를 깔아 지붕을
지탱한다. 무게는 각 층의 보와 기둥을 거쳐 대들보까지 전달되며, 이
는 다시 주 기둥으로 전달된다. 대량식 결구는 비교적 폭이 넓기 때
문에 전당과 같은 비교적 큰 건물에 사용된다.

이외에도 천두식穿頭式이 있다. 이 구조는 도리가 비교적 가늘고, 각
각의 도리 아래 지면과 직접 닿는 여러 기둥이 있거나 중간에 한두

개 짧은 기둥이 있고 그 아래 지면과 닿는 긴 기둥이 있다. 또한 횡으로는 여러 개의 수평 가로목으로 기둥을 꿰고 한 쌍의 긴 기둥 사이의 짧은 기둥은 가로목 위에 얹는다. 천두식의 도리와 기둥은 빽빽하고 가늘며 결합도 간편하지만 지면에 닿는 기둥이 비교적 많아 커다란 공간을 필요로 하는 건축물에는 적당하지 않다. 따라서 주로 민간의 규모가 작은 집 대청에 활용되며 남방 지역에 특히 많다. 그 밖에도 삼배가 또는 오배가가 있는데, 중간의 배가는 천두식 구조이고 좌우 양쪽 벽면은 대량식이다.

2 / 중국 건축의 형체

중국의 목재 결구 건축은 부재部材가 많아 결구와 구조의 복잡성과 정교함 면에서 벽돌 등 석재 결구를 훨씬 능가하며, 그 결구미와 구조미에서 중국인의 지혜가 십분 드러난다.

하지만 재료의 척도와 역학적 성능의 한계로 인해 목재 결구는 벽돌 등의 석재 결구에 비해 개별 건축물의 체적이 클 수 없으며, 형체 또한 복잡해질 수 없어 정형화되는 경향을 띤다. 중국 건축의 지붕은 조형에 있어 매우 커다란 역할을 한다. 여기에는 다섯 가지 기본 형식이 있다. 첫째는 경산 硬山으로, 양면 비탈에 지붕면이 좌우 벽이 있는 곳에서 끝나 더 튀어나오지 않는다. 둘째는 현산 懸山으로, 양면 비탈에 지붕면이 좌우 벽 밖으로 나온다. 경산과 마찬가지로 비교적 단순하여 부속 건축이나 소형 건축군의 부속 전당에 활용된다. 셋째는 무전 廡殿으로, 사면 비탈에 장중하고 엄숙한 느낌을 지니며 중

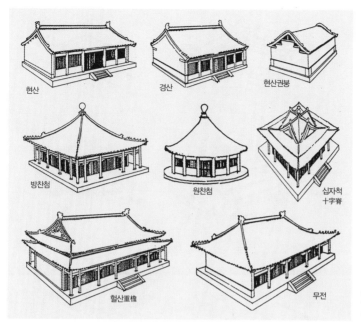

현산

경산

현산권붕

방찬첨

원찬첨

십자척
十字脊

헐산重檐

무전

그림 01-05
중국의 단독 건축물의 조형.
출처 『중국고대건축사』

축선中軸線의 주요 전당에 활용된다. 넷째는 헐산歇山으로, 아랫부분이
사면 비탈이고 상부는 현산이나 경산이다. 모양이 비교적 생동감 있
고 활기가 있어 주 건물 앞뒤나 양측에서 주 건물을 돋보이게 하는
부속 건물로 활용된다. 전당류 건축물들은 모두 방형方形이지만 그에
가까운 평면을 지니며 거의 헐산 지붕을 사용한다. 그렇지 않으면 용
마루가 너무 짧아 실현이 불가능해지기 때문이다. 다섯째는 찬첨攢尖
으로, 건축 평면이 정방형이나 정다각형 혹은 원형이며, 지붕은 평면
의 중심을 향해 뾰족하게 모여지는 형태다. 평면에 따라 사각, 육각,
팔각찬첨이나 원찬첨으로 구분된다.

　무전, 헐산과 찬첨의 지붕은 여러 층의 처마를 지님으로써 기세를
강화할 수 있다. 당대와 송대의 헐산 지붕은 명·청대에 비해 용마루

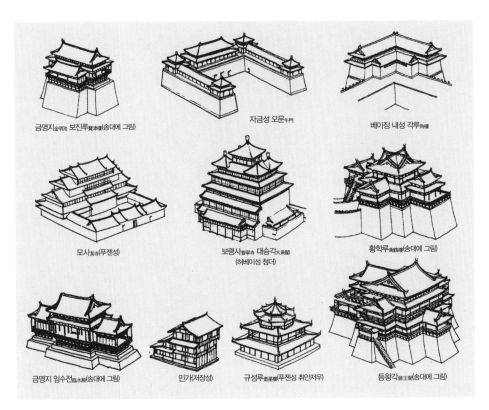

금명지金明地 보진루寶津樓(송대에 그림) 자금성 오문午門 베이징 내성 각루角樓

모사慕寺(푸젠성) 보령사豐寧寺 대승각大乘閣 황학루黃鶴樓(송대에 그림)
　　　　　　　(허베이성 청더)

금명지 임수전臨水殿(송대에 그림) 민가(저장성) 규성루奎星樓(푸젠성 취안저우) 등왕각滕王閣(송대에 그림)

그림 01-06 중국의 누각 조형. 출처 『중국고대건축사』

가 비교적 짧은 반면 지붕의 사면斜面이 길다. 또한 지붕이 비교적 멀리까지 튀어나와 윤곽이 보다 뚜렷하다.

이상 몇 가지 기본 형식에서 진화나 조합을 통해 다양한 형식이 나올 수 있다. 예를 들어 용마루가 십자형인 헐산 지붕, 처마가 여러 겹인 헐산식 지붕에서 4면이 작은 헐산식 뒤채로 뻗어 있는 '귀두옥龜頭屋', 용마루가 둥근 모양의 '권붕卷棚' 등이 그것이다. 각 지붕 건축의 조합은 전체 건축의 유기적인 구도를 형성한다.

사실 상술한 다섯 가지 기본적인 지붕 양식은, 비록 구성 방식은

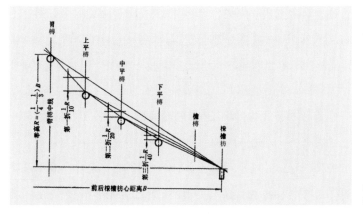

그림 01–07
송대 『영조법식營造法式』의 거절법.

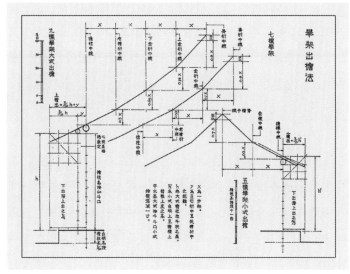

그림 01–08
청대 관청식 건축의 거가출첨법 舉架出
檐法.
출처 『양사성문집梁思成文集』

다르겠지만 여타의 건축 체계에도 존재한다. 그러나 여타 건축 체계
에서는 지붕과 용마루, 지붕면이 직선이고 지붕모서리도 직각이어서
생기가 없고 둔중하며, 규모 역시 방대하다. 중국식 지붕은 곡선이
발달하여 시처럼 부드러운 느낌이 있고 함축적이며 탄성이 충만하
다. 이는 아래의 몇 가지 처리 기법에 의해 구현된 것이다.

1) 중국 건축의 지붕면은 일반적으로 요곡선凹曲線 형태를 취한다. 즉 위에서 아래까지 지붕면이 편평하지 않고 중간이 살짝 오목하다. 오목한 정도를 제어하는 방법을 가리켜 송대에는 '거절舉折', 청대에는 '거가舉架'라고 불렀다. 그 방법은 매우 간단하다. 대들보 위의 각층의 짧은 기둥의 높이만 조정하면 방대한 지붕은 그것에 의존하여 '느슨하게' 안착한다. 당나라 시대의 지붕 기울기는 후대보다 완만하고 오목한 정도도 매우 적당했다. 당대 이후에는 기울기가 점차 가팔라져서 명·청대에 이르러서는 당대와 같은 함축미와 운치를 잃어버렸다.

때로는 수평 방향의 지붕 중간에도 살짝 오목한 부분을 만들어뒀는데, 이는 도리의 가까운 끝부분에 안쪽이 높고 바깥쪽은 낮은 '침두목枕頭木'을 깔기만 하면 해결됐다.

2) 무전, 헐산 그리고 다각형의 찬첨 지붕의 꼭짓점은 약간 위로 올라간 형태다. 남방의 경우 위로 치솟은 정도가 좀더 현격하여, '옥각기교屋角起翹'라 부른다. 옥각기교 결구는 복잡하며, 대략 후한 시대에 주름 형태가 출현했고 당대에 점차 많아져 송·금 이후에는 보편화됐다. 옥각기교는 지붕 꼭대기의 무게감을 크게 줄인 느낌을 주며 형상이 가벼우면서도 운치가 풍부하다.

3) 무전식 지붕을 가진 대전大殿의 경우, 투시 변형으로 인해 생겨나는 용마루가 축소된 듯한 착각을 바로잡기 위해 용마루를 양쪽 벽면을 향해 약간 밀어내는데, 이를 가리켜 '추산推山'이라고 한다. 무전의 추산이 가져오는 부수적인 효과는 무전의 치마마루(용마루와 서로 만나는 네 사선형 마루)가 쌍곡선이 돼, 어떤 방향(모퉁이 45도 방

향을 포함하여)에서 보더라도 곡선으로 보인다는
점이다.

헐산의 지붕 용마루의 길이를 늘이려면 통상
용마루의 양 끝에 좌우 벽면 모서리를 지탱해주
는 작은 보를 추가하고, 용마루를 이 보보다 길게
처리한다. 이러한 처리법을 가리켜 '출제出際'라 부
른다.

4) 당나라 시기에 이미 지붕의 용마루 양쪽 끝
을 커다란 '치미鴟尾'로 장식했는데, 그 모양새가 용
마루와 호응하며, 용마루의 끝부분을 두드러지게
나타낸다. 중당이나 만당 시기에 치미는 '치문鴟吻'
으로 변하여 문탄척吻吞脊의 형상을 표현했고, 풍
격은 날로 복잡하고 화려해졌다. 지붕의 각종 마
루 끝에도 장식이 있었지만 용마루에 비하면 간
소했다.

그림 01-09 베이징 자금성 태화전 지붕의 일부.
(무전 지붕의 추산과 각교角翹에 주목할 것)

5) 두공斗棋은 처마를 받치는 부품으로, 처마 아
래에서 깊은 그림자를 형성하며 지붕면과 벽면을
분명하게 구분해준다. '공棋'은 기둥머리에서 뻗어
나온 구부러진 나무로, 가장 간단한 두공은 1층
으로 뻗어 있고 복잡한 것은 최대 4층으로 돼 있
다. 가장 윗부분의 1~2층은 보통 '앙昻'이라 불리
는 기울어진 나무로 이뤄진다. 각 지붕 끝 부분에
는 처마 방향과 평행을 이루는 구부러진 나무를

그림 01-10 거대한 두공이 물가의 정자를 떠받치고 있음을 나
타낸 한대 화상석.(허난성 출토)
출처 「중국역대장식문양대전中國歷代裝飾紋樣大典」

그림 01-11 막고굴 성당 제172굴의
북벽 벽화 상에 묘사된 사찰.
출처 『둔황건축연구』

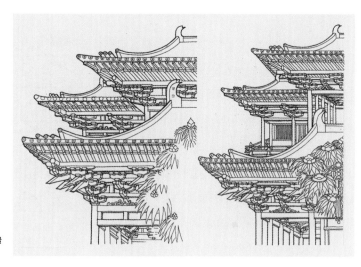

그림 01-12 돈황 석굴 성당 제172굴
벽화의 두공. _샤오모 그림

사용할 수 있는데, 이 역시 '공'이라 불린다. 두공은 전국시대 이전에 출현했다. 허난성의 한漢대 화상석畵像石이 매우 흥미롭다. 호수 안에 작은 정자가 있는데, 기울어진 계단 위로부터 층층이 뻗어 있는 커다란 삽공揷栱이 정자를 떠받치고 있고, 가장 아래에 있는 삽공은 두껍고 짧은 기둥으로 받쳐져 있다. 이 그림은 두공의 결구 작용을 대단히 두드러지게 표현했다.

둔황敦煌 막고굴莫高窟 제172굴 남북벽 상에 있는 두 폭의 정토변淨土變 안에는 큰 건물이 있다. 그런데 이 건물에는 소위 '쌍초쌍하앙중공계심조雙杪雙下昻重栱計心造'라 불리는 밖으로 뻗은 네 개의 두공이 사용됐다.

두공은 원래 결구의 필요로 만들어진 것이나, 동시에 조형의 의미를 지니기도 한다. 그 반복과 상하 면의 간결함을 대비하고 울퉁불퉁함을 통해 음영의 기복과 진퇴를 강조함으로써 강한 결구미와 구성미를 나타내고 장식미를 형성한다. 당대 두공은 웅대하고 명랑하며, 처마의 삐침도 심원했으나 나중에는 갈수록 가늘고 빽빽해졌다. 청대에 이르면 그 정도가 지나쳐 결구미가 약화됐고 대신 장식미가 강화됐다. 이러한 현상은 각 시대의 상이한 심미 취향의 결과다.

6) 두공 아래는 벽면이다. 기둥과 기둥머리 위에서 수평 방향으로 결합된 인방은 골격을 구성한다. 경간구획[건물의 내부 혹은 외부공간을 구획하는 부분]은 낮고 평평하여 그리스 신전의 공간이 좁고 높은 것과 다른데, 이는 목재와 석재 건축의 재료 본성상의 비율적 특징을 보여준다. 각 경간구획 중앙은 약간 넓고 문이나 창문이 설치된다. 양쪽 끝 경관구획은 좁고 창문이 있으며, 구도 변화를 풍부하게 해주고 중앙 부분을 강조한다. 대좌臺座는 백색이고 주방柱枋과 문, 창

은 암홍색이며, 처마 밑에는 청록색 채화彩畵, 요곡선형 지붕과 청회색 기와가 있어 장중하고 수수하며 대단히 조화롭다.

7) 당대부터 기둥에 '측각側脚(안쏠림)'과 '생기生起(귀솟음)'가 출현했다. 측각은 바깥 기와와 기둥을 정중앙의 한 칸을 제외하고 모두 "기둥머리는 약간 안으로 향하게 하고, 기둥다리는 약간 밖으로 향하게 하여" 완전히 수직이 되지 않도록 평면 중심에서 조금 기울게 하는 것을 말한다. 생기는 입면立面 중앙의 한 칸 외에 다른 기둥을 약간 높게 하여 중심으로부터 멀수록 높이가 높아지는 것을 말한다. 산시山西성 우타이五臺산 남선사南禪寺 대전과 불광사佛光寺 대전은 모두 측각과 생기가 있다. 측각과 생기는 모두 조형에 풍부한 운치를 제공하고 경직돼 보이지 않게 해주며 동시에 결구의 안정성을 높인다. 그러나 중국 건축 발전의 고조기인 당나라 시기가 지난 뒤, 명·청 시기의 관식官式 건축에서 측각과 생기는 점차 사라진다.

건축 형상의 세밀한 처리에 있어 중요한 점 가운데 하나는 적합도, 즉 지나치면 안 된다는 것이다. 지나친 과장을 피하고 부드럽고 온건하며 함축적인 건축이라야 성공적인 건축이다. 중국 건축 예술 발전의 전성기였던 당·송 시대에 이러한 건축물이 가장 많았다.

중국에도 석재가 적지는 않다. 그리고 중국에 목재가 특별히 풍부한 것도 아니다. "촉나라 산들을 민둥산으로 만들어, 아방궁을 지어낸다蜀山兀, 阿房出"당나라 두목杜牧의 시 「아방궁부阿房宮府」에 나오는 표현는 말은 당나라 사람이 진秦나라 시대를 떠올리면서 쓴 표현이니 잠시 논외로 하자. 하지만 수양제隋煬帝의 영락궁營洛宮에 쓰인 거대한 목재는 모두 먼 곳으로부터 온 것으로, "2000명이 나무기둥 하나씩을 날라" 가져온 것이다. 또한 송대 변양汴梁에 세워진 옥청소응궁玉清昭應宮에 쓰인 큰 나무는 저장浙江의 옌당雁蕩산에서 가져온 것이며, 명나라 베이징에서는 매년 서남부 각 성의 목재를 거둬들였다. 청나라 강희는 태화전太和殿을 중수하고자 했는데, 삼번의 난으로 인해 남방의 목재들을 거둘 수 없자 결국 경간구획을 축소시킬 수밖에 없었다. 이와 같은 사례는 고서에 수도 없이 기록돼 있다. 중국인은 늦어도 후한 시대부터 벽돌이나 석재를 사용하여 아치를 만드는 기술을 갖게 되었다. 그럼에도 중국은 수천 년에 걸쳐 나무 결구 체계라는 완고한 전통을 발전시켰는데, 그 원인은 중국인의 문화적 유전자로부터 찾을 수밖에 없을 것이다.

유가 사상의 영향과 신학 관념의 희박성 때문에 중국인은 내적 정신의 영구성을 중요시했고, 건축물을 포함한 '몸 밖의 사물'에 대해 상당히 현실적인 태도를 취하여 영구성을 추구하지 않았다. 반면 서양은 영원한 신성에 대한 추구에 기초하여 늘 현실적이고 눈에 비치는 영구성을 추구했고 이에 오랫동안 석재를 사용하여 건축물을 지었다. 교회 한 채를 짓는 데에도 서양인들은 걸핏하면 수십 년에서 심지어는 수백 년의 시간을 소모했다. 반면 중국인들은 이런 일에 별다른 의의를 느끼지 않았다. 또 유가가 주장하는 "어진 사람은 다른 사람을 사랑한다" "나라의 재물을 아끼는 것으로 백성을 사랑하고, 때에 맞게 백성을 부려야 한다" "부역을 드물게 일으키고, 농민의 때를 빼앗지 않는다" 등의 관념 그리고 온화함과 돈후함을 추구하는 심미적 취향은 위의 건축 특징들과 커다란 관련이 있으며, 중국인의 문화에 결정적인 영향을 미쳤다.

3

중국 건축의
내부 공간

큰 힘을 견디지 못하는 목재의 한계 때문에 중국의 건축물은 서양과 달리 체형이 그리 풍부하지 않다. 또한 내부 공간 역시 비교적 변화가 적어, 대전 내부는 단순 육면체 모양에 지나지 않는다. 그러나 중국의 옛사람들은 거기에 최대한 미적 처리를 가하여 변화의 운치를 나타내고자 했다.

예를 들어 산시성 우타이산에 있는 당나라 때 지어진 불광사 대전은 너비가 7간間 34미터이고 깊이가 4간 17.66미터로, 대전 내부의 '금주金柱(바깥 처마 안쪽의 안 기둥)'가 전체 대전 공간을 '내조內槽'와 '외조外槽' 두 부분으로 나눈다. 뒷열 금주들 사이와 남북 2열 금주의 마지막 두 기둥 사이에는 '선면장扇面墙'이라는 벽을 설치했는데, 벽이 둘러싸고 있는 공간은 불단이고 그 위에는 30여 개의 만당 시기 조상造像이 있다. 이 불단의 너비는 5간으로, 조상은 다섯 조로

나뉜다. 중간의 3간에는 석가, 아미타, 미륵 좌상이, 좌우에는 제자인 보살과 천왕의 조상들이 시립해 있다. 좌우 끝 2간에는 코끼리에 탄 보현보살과 사자에 탄 문수보살이 있다. 내조 공간은 비교적 높고 여기에 선면장과 불단을 더해 그 중요한 지위를 부각시켰다. 윗부분은 바둑판 무늬의 '평기平棋'와 사방으로 기울어진 준각연峻脚椽이 이루는 복두형覆斗形이 마치 수놓은 천화天花처럼 보인다. 천화 아래에는 들보가 솔직하고 적나라하게 드러나 있다. 그와 같은 보들은 결구의 필수 부속이면서 동시에 결구미를 표현하고 공간을 나누는 중요한 수단이다. 보 위에는 단순 열십자로 교차되는 두공이 셋 있어 평기의 목재를 떠받친다. 두공 사이에는 틈새가 있고 공간은 그 틈새 사이로 '유동'하여 변화무쌍하면서도 일관적이다. 웅장한 보와 천화의 밀집된 격자는 거칠면서도 섬세하여 서로 다른 중량감 사이의 대비를 형성한다. 외조 공간은 비교적 낮고 좁아 내조를 돋보이게 하며, 양자는 공간 형상에 있어 대비를 이룬다. 그러나

그림 01-13 우타이산 불광사 대전.
_샤오모 그림

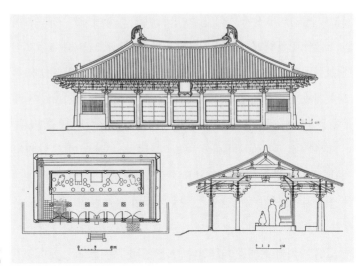

그림 01-14 우타이산 불광사 대전.
출처 「중국고대건축사」

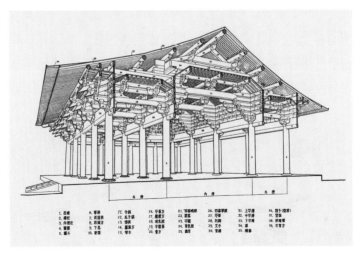

그림 01-15
불광사 대전 단면 투시도.
출처 「중국고대건축사」

외조의 보와 천화의 처리 수법은 내조와 일치하여 커다란 일체감과 질서감을 준다. 모든 크고 작은 공간은 수평 방향에서든 수직 방향에서든 완벽한 분리를 최대한 피한다. 특히 복잡하게 교차되는 보들은 위 공간을 경직된 느낌 없이 몽롱하고 함축적으로 만들어준다.

이와 같은 실례는 당대 건축 장인들이 이미 고도로 자각적인 공간적 심미안과 정교한 공간 처리 기법을 지니고 있었음을 말해준다.

이 대전을 살펴보면 건축과 조소의 어울림을 대단히 중요하게 생각했음을 알 수 있다. 네 보는 공간을 다섯 부분으로 나누며, 매 공간마다 한 조의 소상塑像이 배치돼 있다. 보 아래에는 연속되는 네

그림 1-16 불광사 대전 내부. 출처 「중국고건축中國古建築」

화공華栱이 있고 횡공橫栱은 없어 소상들에게 공간을 내준다. 소상의 높이 설계에도 세심함이 묻어 있다. 소상이 차지하고 있는 공간은 서로 잘 어울려 너무 옹색하지도 너무 휑하지도 않으며, 참배자 시선의 적당한 위치가 고려됐음을 짐작할 수 있다. 사람들이 대전 문에 설 때, 금주 위의 난액闌額은 불상의 후광을 가리지 않으며 좌우 두 개의 금주 역시 그것들 사이에 있는 소상 군체의 완정성을 훼손하지 않는다. 사람들이 금주와 동일선상에 설 때, 불상의 정수리와 사람의 눈을 잇는 선은 일부러 고개를 들지 않아도 되는 정상적인 수직적 시야 안에 있다.

중국의 현존하는 고대 건축물은 절대 다수가 종교 건축이다. 전당 내부에는 일반적으로 부처, 보살 혹은 신선 등의 소상이 있다. 또한 건물을 어떻게 소상들과 밀접하게 조화를 이루게 할 것인가는 내부 공간 처리에서 가장 중요한 문제였다. 일반적으로 장인들은 아래 몇 가지 사항을 처리했다.

첫째, 소상들을 중앙에서 약간 뒤로 치우친 곳에 배치하고, 그것들이 자리한 공간을 상대적으로 높고 크게 하여 공간의 대비를 통해 그 중요성을 최대한 돌출시킨다. 둘째, 소상들을 최대한 상대적으로 독립적이고 완정감을 가진 공간 안에 위치시킨다. 셋째, 소상들의 전

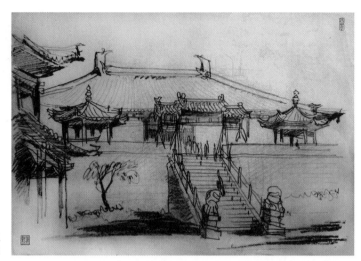

그림 01-17 다퉁 화엄사 대전.
_샤오모 그림

그림 01-18 다퉁 화엄사 대전.
_샤오모 그림

면은 최대한 개방하고 가로막는 요소를 최소화하여 참배자들의 예
배 장소를 충분히 보장한다.

만약 대전 안에 천화를 사용한다면, 주요 불상 위에 더 많은 조정
藻井을 설치하고 공간을 더욱더 높게 만들어 장식성을 통해 소상들

그림 01-19 타이위안太原 소재 진晉나라 사성모전聖母殿. _샤오모 그림

그림 01-20 다퉁 선화사善化寺 대웅보전. _쑨다장孫大章, 푸시녠傅熹年 촬영

그림 01-21 예청芮城 영락궁永樂宮. _샤오모 그림

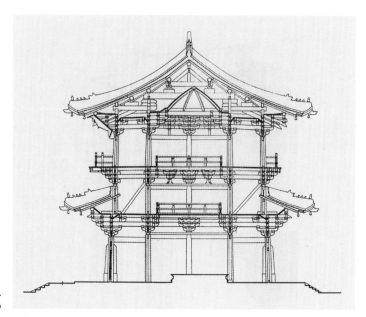

그림 01-22 독락사 관음각 단면도.
출처 『중국고대건축사』

을 보다 두드러지게 한다. 소상 아래에는 불단이 있어 사람들이 소상들을 올려다볼 때 수직 시각을 확대하고 그것들의 장엄한 느낌을 증가시킨다. 그와 함께 중요한 것은 불단이 범인들의 활동 공간으로부터 상대적으로 독립된 특수한 공간을 마련해주고 조상들의 군체감群體感을 강화시켜준다는 점이다. 일반적으로 불단 뒤쪽에 선면장을 설치하거나 소상의 거대한 후광으로 공간을 나눔으로써 공간을 더욱 완정하게 한다. 다퉁大同의 요금遼金 시기 화엄사華嚴寺 대전이 그 예다.

조형이 우수한 단일 건축물로 몇 가지 예를 더 들 수 있으며, 이후 각 장에서도 많은 예를 볼 수 있을 것이다.

누각의 내부 공간은 톈진天津 지蓟현에 소재한 요나라 시대 관음각觀音閣을 들 수 있다. 관음각(5간) 내부는 금주들이 둘러싸고 있고, 외관은 2층이나 요첨腰檐과 평좌平座가 창 없는 층을 형성하기 때문에

실질적으로는 3층의 결구라 할 수 있다. 누각 안에는 3층까지 통하는 높이 16미터의 관음소상이 있다. 전체적으로 슬리브sleeve식 결구를 사용했고, 평좌층과 상층은 중간이 비어 있다. 주위에는 금주와 안쪽으로 뻗은 두공에 의해 지탱되는 2층의 난간이 있어 사람들은 난간을 돌며 관음소상의 중간 부분과 윗부분을 바라볼 수 있다. 평좌층의 난간 평면은 장방형이나 상층의 난간 평면은 긴 육각형이다. 관음소상의 정수리에는 보다 작은 팔각형 조정이 있다. 아래로 내려다 보면, 2층의 난간에서 조정까지는 층층마다 축소되는데, 평면 형식에 규칙적인 변화가 발생하여 운율을 풍부하게 하고 고도 방향에서 투시적 착각을 불러일으킨다. 건축물과 소상은 매우 조화롭게 구성돼 있다. 상층에는 조정 외에, 내외조內外槽에 '평기', 즉 작고 네모진 나무들로 이루어진 격자그물 모양의 천화가 있는데, 외조의 평기가 비교적 낮고 내조는 높여 조정과 수평이 되게 함으로써 관음소상이 있는 공간을 강조했다.

시선을 서양으로 돌려보면 중국 건축과의 차이점으로 인해 놀라움을 느낄 수 있다.

2장

강건하고 힘 있는
석재 결구와
서양 건축의 형체 및
내부 공간

서양 건축은 석재 결구 위주의 건축 체계를 지닌다. 이 체계는 기원전 3000~기원전 2000년의 에게해 지역과 기원전 1000년 이래 고대 그리스에서 발흥했고, 고대 이집트와 서아시아 건축의 몇몇 요소를 융합했다. 기원전 2세기 로마공화국 전성기 이후, 서방 건축 체계는 장기간 이탈리아 반도를 중심으로 광대한 유럽으로 확산됐고, 근대 이후에는 아메리카와 호주에까지 전해졌다. 유럽 건축은 신전과 교회가 중심이며 그 외에도 공공 건축, 성루, 관저, 궁전, 원림 등이 있다. 오랜 발전 과정 가운데 건축의 다양한 모습들은 발전과 쇠퇴를 격정적으로 반복했고, 새로운 풍격이 흥기하면 이전 것을 계승하면서도 다른 한편으로 명확한 단절성을 보여줬다. 대체적으로 고대 그리스, 고대 로마, 비잔티움과 러시아, 초기 기독교, 전기 고딕(로마네스크)과 고딕, 르네상스, 바로크, 고전주의, 고전 부흥과 절충주의 등 허다한 양식이 꼬리에 꼬리를 물고 출현했다. 이러한 추세를 곡선으로 표현한다면, 끊어질듯 말듯 이어지고 파도처럼 서로 중첩되면서도 부단히 위로 솟구치는 모양일 것이다.

1

고대 그리스

이집트에서 그리스에 이르기까지 모두 석재를 이용한 보-기둥식 결구를 채택했다. 하지만 이러한 결구는 압력에 저항하는 데 있어 장점이 있지만 구부러지지는 않는 석재의 본성에 부합하지 않으며, 경간, 공간, 형상 등에 있어서도 많은 제한이 따른다. 이집트의 기둥은 모두 두껍고 빽빽하다. 어떤 돌기둥의 직경은 심지어 기둥과 기둥 사이의 간격보다도 크다. 그리스의 기둥은 비교적 시원스럽지만 여전히 경간을 크게 할 수 없으며, 공간과 형체는 보다 다채롭다. 이집트나 그리스나 각 칸은 위로 높이 솟은 모양새를 띠고 있다.

그러나 이렇듯 단순한 형체로 그리스인들은 매우 아름다운 건축 예술작품을 창조해냈다. 아테네 성곽 위에 있는 파르테논 신전이 대표적이다. 신전은 기원전 5세기 중엽, 그리스가 페르시아 전쟁에서 막 승리를 거둔 시기에 지어졌다. 체형은 단순하고 세련되며 기둥이

그림 02-01
그리스 코린스 양식의 기둥.
출처 『세계건축경전도감世界建築經典圖鑑』

그림 02-02 이집트 카르나크 아문 신전의 대전.
출처 『세계저명건축전집世界著名建築全集』

두르는 형태로, 각 입면立面에는 허실과 명암의 변화가 풍부하다. 양 끝 측면 벽의 주랑 안에는 현관이 있다. 우뚝한 모습에 홈이 패인 도리아식 돌기둥으로 이루어져 있는 이 신전은 장중하고 고귀한 풍격을 지닌 기념비적 건축물이다.

　파르테논 신전은 남성적 풍격을 대표하며, 강건하고 힘 있는 도리아식 건축물의 최고 성취를 보여준다. 기둥들의 비율은 균일하고 일반적인 도리아식 기둥들보다 우뚝하다. 처마 부분은 비교적 얇고 기둥 사이의 공간이 비교적 넓다. 기둥머리는 간결하고 힘이 있지만, 강건함 속에 여림과 아름다움이 감추어져 있는 인상이다. 기둥과 지붕 사이에는 그리스인과 야만인 사이의 전투를 묘사한 부조 장식이 있다. 삼각형 외곽으로 둘러싸인 페디먼트는 고부조高浮雕로 가득하여 구도가 자연스럽고 적당하다. 측면 벽의 꼭대기와 양 끝에는 금도금을 한 둥근 모양이 돌출돼 있다. 건물을 둘러싼 회랑 안쪽 부조에는 일찍이 금빛, 푸른빛 혹은 붉은빛을 칠했고, 구리 문에는 도금이 돼 있었으며, 와당瓦當과 기둥머리, 모든 처마 부분에는 원래 짙은 색깔이 칠해져 있어 햇빛이 내리쬐면 흰 대리석으로 인해 더욱 선명하게 돋보였을 것이다.

아테네 사람들은 놀랄 만한 세심함과 예민함으로 이 건축물을 세웠다. 기둥은 아래에서 위로 갈수록 점점 좁아져 부드러운 곡선을 형성한다. 모든 기둥은 건축 평면 중심을 향해 살짝 기울어져 건축물을 더욱 안정적으로 보이게 한다. 기둥의 간격은 끝으로 갈수록 작아지고 대신 모서리 기둥은 다소 굵다. 이는 밝은 하늘을 배경으로 할 때 모서리 부분이 비교적 어두워 모서리 기둥이 가늘게 보이는 착시를 해소하기 위해서였다. 또한 토대선과 지붕선 등과 같은 수평선들은 위로 약간 솟아 있음으로써, 완벽하게 수평일 경우 중간 부분이 아래로 처진 것처럼 느껴지는 착시를 해소했다. 이렇듯 거의 모든 돌의 형상이 약간씩의 차이를 지님으로써 건축자의 극도로 진지한 작

그림 02-03 파르테논 신전.

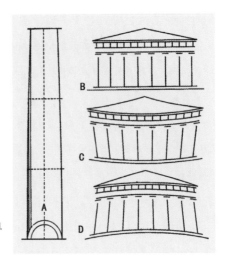

그림 02-04 파르테논 신전의 시각적 처리.
A 사주(後柱).
B 신전이 사람들에게 주는 인상.
C 완벽한 수평과 수직이 사람에게 주는 착시.
D 시각적 교정 처리.
출처 『외국건축사참고도집外國建築史參考圖集』

업 태도와 창조적 열정을 나타내고 있다.

파르테논 신전은 주로 그리스의 자유 시민들이 세운 것이다. 당시 규정에 따르면 건축 작업장에서 노동하는 노예의 수가 전체 노동자의 4분의 1을 초과해서는 안 됐다. 프랑스의 조각가 로댕은 노트르담 대성당을 두고 다음과 같이 말한 적이 있다. "전체 프랑스가 우리의 대성당 안에 포함돼 있음은 마치 모든 그리스가 파르테논 신전 안에 포함돼 있는 것과 같다."

2 / 고대 로마

본질적으로 석재의 힘을 견디는 것은 아치형, 아케이드형 내지는 궁륭형 결구일 것이다. 사람들이 으레 생각하는 바와 달리 이는 모두 동양에서 발명된 것이다. 고고학적 자료들은 적어도 아시리아 시대(기원전 2500~기원전 605)의 서아시아 사람들이 이 건축 결구를 발명했으며, 당시 그것들은 벽돌로 성문이나 묘실 혹은 방을 짓는 데 활용됐다고 말한다.

어떤 이유인지는 모르나 서아시아인들을 접한 그리스 사람들은 그러한 건축술에 관심이 없었다. 이후에 그 기술은 서아시아 서안에 살았던 에트루리아 사람들에게 알려졌다. 그들은 트로이 전쟁이 끝나고 얼마 지나지 않아 (기원전 1000년 이후에서 대략 기원전 8세기경까지) 이탈리아 반도로 건너와 현재의 로마 일대에 거주하기 시작했다. 그들은 이 일대의 초기 거주민 중 하나였다. 기원전 4세기, 그들에 뒤

그림 02-05
현존하는 최고最古(기원전 9세기)의 원통형 아치.
출처 『세계건축경전도감』

그림 02-06 고대 메소포타미아 유역의 민가를 묘사한
석각. 니네베Nineveh 출토.
출처 『외국건축사참고도집』

이어 흥기한 라틴인들은 그들로부터 그 기술을 물려받고 대단한 흥
미를 느꼈다. 공교롭게도 반도에는 많은 화산이 있었고, 화산 폭발
후 떨어지는 화산재가 곳곳에 만연했다. 화산재는 물을 섞어 응고시
키면 돌처럼 견고해졌다. 로마인들은 화산재에 물을 붓거나 물과 화
산재를 동시에 섞어 죽처럼 만든 뒤 돌이나 벽돌에 쐐기처럼 구멍을
내고 죽으로 붙여 아치나 아케이드, 궁륭, 십자형 아치 등을 건축했
다. 이러한 건축은 서아시아의 벽돌 아치형 건축에 비해 더욱 견고하
고 거대했다. 각각의 돌들은 압력을 받을 뿐 구부러지지 않으므로,
보-기둥식보다 건축물의 폭을 훨씬 크게 만들 수 있다. 이후에는 콘
크리트만을 사용하고 벽돌이나 돌을 사용하지 않는 아치나 궁륭 결
구가 사용돼 시공이 매우 간단해졌고 재료의 공급도 원활해졌으며
편리해졌다. 로마인들이 사용한 그러한 기술은 그리 복잡하지 않지
만 많은 노동력이 요구됐다. 물론 이는 노예 제도를 운용하던 로마

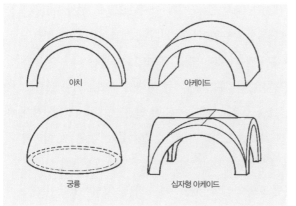

그림 02-07 아치, 아케이드, 궁륭, 십자형 아케이드. _샤오모 그림

그림 02-08 고대 로마 에트루리아 사람들의 아치문.
출처 『세계건축경전도감』.

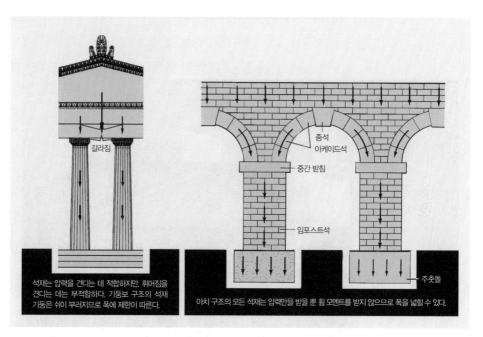

석재는 압력을 견디는 데 적합하지만, 휘어짐을 견디는 데는 부적합하다. 기둥보 구조의 석재 기둥은 쉬이 부러지므로 폭에 제한이 따른다.

아치 구조의 모든 석재는 압력만을 받을 뿐 휨 모멘트를 받지 않으므로 폭을 넓힐 수 있다.

그림 02-09 기둥 보 구조와 아치·아케이드 구조의 하중 비교. _샤오모 그림

제국의 입장에서는 그리 큰 문제가 아니었으므로 점차 대대적으로 성행했고, 건축의 발전에 있어서도 커다란 가능성을 제공했다.

이후 이란 고원의 파르티아인은 로마인으로부터 그 기술을 학습하여 한층 발전시켰다. 파르티아에는 정면에 네모난 벽이 있고 그 중앙에는 건물 안으로 통하는 작은 문이 딸린 거대한 아치가 있다. 네모난 벽 양 옆에는 탑 모양의 건축 장식이 있다. '이완iwan'이라 불리는 이 구도는 훗날 이슬람 건축에서 광범위하게 활용됐다.

기원전 27년 로마에서 판테온Pantheon을 짓기 시작했다. 이는 궁륭형 건축의 승리를 나타내는 기념비로, 이후에는 기독교의 예배당으로 사용돼 오늘날까지 특별한 보호를 받고 있다.

판테온 입구 회랑의 뒤쪽에 있는 둥근 전은 아래는 원통이고 위는 둥근 궁륭을 덮은 거대한 공간으로, 평면의 직경과 지붕 꼭대기의 고도는 모두 43.43미터로 매우 안정감이 있다. 두터운 바깥벽은 창

그림 02-10 로마 판테온.
출처 「세계불후건축대도전」

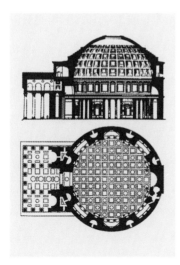

그림 02-11 로마 판테온의 평면과 단면.
출처 『외국건축사참고도집』

그림 02-12 판테온 내부 유화.
출처 『전채서방건축 예술全彩西方建築藝術』

문을 전혀 내지 않았고, 오로지 궁륭 꼭대기 중앙에 있는 직경 8.9미터의 둥근 구멍을 통해서만 햇빛이 들어온다. 아래쪽으로 내리쬐이는 태양광은 시간에 따라 이동하여 신성한 분위기를 자아낸다. 안쪽 벽면은 수직 분할을 강조했고, 위아래 두 개 층으로 나뉘어져 있다. 궁륭 꼭대기 표면은 방사형과 수평형의 리브rib로 이뤄진 틀이 있어 실내 공간의 투시 효과를 증가시키고 강한 복종의 리듬을 표현했다. 판테온의 최대 예술적 성공 요소는 집중식 배치, 거대한 무게 그리고 완미한 형식을 통해 완정하고 단순하며 통일적이고 조화로운, 거대한 내부 공간을 창조해냈다는 데 있다. 이러한 공간은 그리스인들이 한 번도 상상할 수 없었던 것으로, 로마인들의 숭고하고 위대한 심미적 이상을 체현해냈다.

　궁륭이라는 보배로운 건축 양식이 생겨나면서 건축사들은 무척 자유로워졌다. 그들이 세운 건축물이 단지 판테온 하나뿐만은 아

니었을 것이다. 다만 그것들은 현재까지 보존돼 내려오지 못했을
뿐이다.

3   비잔티움과 러시아

기원후 313년, 콘스탄티누스 황제는 수도를 비잔티움으로 옮기고 도시의 이름을 콘스탄티누스(현재의 터키 이스탄불)로 정했다. 395년 로마가 동로마(비잔티움)와 서로마, 두 개의 제국으로 분리됐다. 476년 서로마는 서고트족의 침입으로 멸망했고, 동로마는 1453년까지 존속하다 이슬람교를 신봉하는 오스만 제국에 의해 멸망했다. 비잔티움 제국은 유스티니아누스 대제(재위 527~556) 통치 기간 '제1의 황금시대'를 구가했다. 이때의 건축물 중 가장 유명한 것은 성 소피아 성당이다.

성 소피아 대성당의 평면은 네모난 형태에 가깝고 서향이며 중앙에는 각 변이 33미터인 정방형 홀이 있다. 상부의 거대한 지붕을 떠받치기 위해 새로운 결구가 발전했다. 하부는 네 개의 거대한 사각형 받침 위에 네 개의 반원형 아치를 만들었고, 아치 중간에는 배의

돛과 같은 삼각형 모양의 돔(펜던티브)을 쌓았다. 삼각형 돔은 동일한 궁륭의 일부분이다. 이 궁륭은 사각형 각 변이 아닌 사각형의 대각선을 직경으로 삼으며, 네 개의 반원형 아치와 평행해지고 평면이 원형으로 변할 때까지 쌓았다. 그 형상은 마치 반구형 빵 안에 연접한 정방형 4면이 각각 수직으로 절단되고, 윗면에서 재차 횡으로 절단된 것 같다. 횡으로 절단한 원형 평면 위에는 또 다른 완정한 돔을 더했다. 돔의 최상단부의 높이는 지상으로부터 55미터고, 공간의 규모는 로마의 판테온보다도 훨씬 크다. 내부에 기둥이 하나도 없을 뿐만 아니라 판테온과 같은 원형 벽이나 둘레 기둥들도 불필요하다. 단지 네 귀퉁이에 네 받침돌만 있으면 그만이다. 받침돌은 매우 거대해서, 남북으로 18.3미터, 동서로 7.6미터에 이른다. 중앙의 궁륭이 사방으로 가하는 수평 추력推力의 평형을 위해, 중앙 공간의 앞뒤 즉 동서 방향에는 반궁륭半穹窿 하나씩을 설치하여 중앙 궁륭의 아치 다리를 지탱한다. 반궁륭의 수평 추력은 그것에 기대고 있는 두세 개의 작은 돔과 받침돌에 의해 지지되고, 남북 방향의 수평 추력은 받침돌이 감당한다. 마지막으로 평면의 가장 바깥의 네 다리에는 비교적 작은 대각선 아치가 씌워진다. 전체 결구의 관계는 명확하여 질서정연하며, 거대한 규모는 통일적이면서도 다변적인 효과를 자아내어 끝도 없이 아득한 환각을 불러일으킨다. 이후의 발전 상황은 이 결구가 무시할 수 없는 장점을 지니고 있음을 보여준다. 즉 필요할 때 가장 높은 돔의 아래쪽에 높거나 낮은 원통 모양의 '드럼drum'을 추가할 수 있고, 드럼 위에 창을 내어 돔 꼭대기가 외부로 충분히 드러날 수 있게 할 수 있다. 돔 꼭대기 자체는 양파 머리와 같은 형상을 더 많이 가짐으로써, 전체 외부 조형을 더욱 풍부하게 할 수 있다. 성 소피아 성당은 이와 같은 드럼이 없으며, 둥근 궁륭 아래 40개의 창문을

그림 02–13
성 소피아 성당의 서쪽 측면.
출처 『세계불후건축대도전』

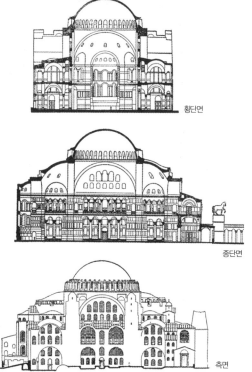

횡단면

종단면

측면

그림 02–14
성 소피아 대성당의 단면과 측입면.
출처 『외국건축사참고도집』

그림 02-15 성 소피아 대성당 내부.
출처 『세계장식백도世界裝飾百圖』

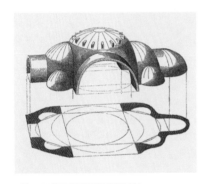

그림 02-16 성 소피아 대성당의 복합식 궁륭.
출처 『세계건축경전도감』

빙 둘렀을 뿐이다. 그리고 창문 사이에는 각각 한 개씩 총 40개의 리브가 있어 아래에서 올려다보면 커다란 돔 꼭대기가 마치 공중에 떠 있는 것처럼 느껴진다. 따라서 성 소피아 성당의 성취는 내부 공간의 창조에 있으며, 외관의 표현력은 상당히 떨어진다. 이후 오스만튀르크 제국은 성당을 이슬람 사원으로 개조했고, 네 꼭짓점에 네 개의 높은 이슬람 첨탑을 세움으로써 사람들에게 더욱 깊은 감동을 줄 수 있게 됐다.

성 소피아 성당은 소위 '집중식集中式'에 해당된다. 즉 평면이 중요도의 차이가 크지 않은 종횡 축선을 지니며, 십자로 대칭을 이룬다.(비단 좌우 대칭일 뿐 아니라 전후 대칭이기도 하다.) 건물은 전체적으로 한 덩어리의 모습을 이룬다. 조형에 있어, 일반적으로는 덩어리 모습인 중앙 부분이 특히 강조돼 수직 축선을 이룬다. 그러나 성 소피

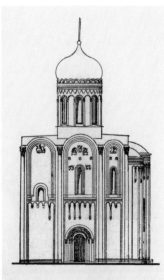

그림 02-17
블라디미르 부근의 포크로바 성당.
출처 「러시아 예술」

그림 02-18
크렘린 궁 안의 우스벤스키 사원.

아 성당은 그러한 요구에 완벽하게 도달하지 못했다. 중앙의 모양새가 우뚝하지 않고 조형도 그리 풍부하지 않아 구도의 중심으로서의 작용을 충분히 보여주지 못한다. 동방정교회가 러시아로 전파된 뒤, 비잔티움 건축의 기초 위에서 이러한 조형적 과정이 비로소 완성됐다. 그것은 통상적으로 규모가 크지 않은 성당에 높고 기다란 드럼으로 중앙의 돔을 드높여 네 꼭짓점을 작은 돔으로 부각시켰다. 각 돔의 꼭대기의 윤곽에는 양파 머리 모양과 흡사한 선명한 러시아 민족의 특색을 나타냈다.

러시아는 몽고인에 의해 300년간 점령됐지만, 이반 뇌제雷帝가 카
잔을 공격한 것을 계기로 마침내 몽골에 승리를 거뒀다. 성 바실리
성당은 그 사건을 기념하기 위해 지어졌다. 성당은 비잔티움 전통을
계승했을 뿐 아니라 러시아 민간 건축의 '천막지붕' 형식을 흡수했
다. 하나의 커다란 받침돌 위에 아홉 개의 돔으로 이루어진 이 성당
은, 가장 높은 중앙 탑의 높이가 46미터고, 상부에는 민족 풍격이 물
씬 풍기는 '천막지붕'이 있으며, 지붕 끝에는 조그마한 돔 장식이 있
다. 사방에는 8개의 비교적 작은 탑이 둘러싸고 있다. 전체 9개의 탑
은 양파 머리 형태의 장식을 쓰고 있고, 아랫부분은 윤곽이 불룩하
게 나와 있다. 탑의 양식과 색깔 변화는 매우 풍부하며, 중앙 천막지
붕의 지배적 작용과 세부적인 호응 및 대비는 완벽한 전체를 이룬다.
하늘로 치솟는 화염으로 빽빽하게 둘러싸인 듯한 이 건축물은 민족
굴기의 희열과 승리의 기쁨을 상징하고 있다.

4

중세 유럽

5세기에서 15세기까지 유럽은 중세라 불리는 봉건사회였다. 그리스, 로마의 인본주의적 고전문화는 고딕인들의 철기병에 의해 철저히 유린당했고, 금욕을 내세우는 신본주의적 기독교는 사회의 주류 이데올로기를 대표했으며, 문화예술의 발전은 거의 정체됐다. 특히 '암흑시기'라 불리는 초기 기독교 시기(약 5~10세기)가 그랬다. 그러나 봉건제는 필경 노예제보다 진보한 제도였고, 서구 건축은 일정한 성취를 거두었다. 이 책에서 말하는 전기 고딕시기(약 10~12세기)에 발전은 점차 빨라졌다. 초기 기독교와 전기 고딕의 성당 규모는 크지 않았다. 내부에는 로마 시대로부터 계승한 아치를 사용했고, 전체적으로 조적식 벽돌을 사용했으며, 상부의 결구가 매우 무거워 벽체는 대단히 두꺼웠다. 또한 작은 창문만을 둘 정도로 폐쇄적이어서 표현력이 무척 제한적이었다.

그림 02-20
스페인 자모라의 성 베드로 성당.
출처 「세계불후건축대도전」

그림 02-21
스페인 성 살바도르 성당.
출처 「세계불후건축대도전」

일련의 복잡한 결구의 변화를 거쳐 사전 제작된 리브를 발전시켰고, 리브 사이에는 비교적 얇은 석판을 넣어 상부 결구의 중량을 줄였다. 또한 아치나 돔 역시 반원형에서 점차 첨형尖形으로 진화해 나갔다.

중세 말기에는 여명으로 몽롱한 하늘가에서 또 하나의 눈부신 별이 모습을 드러낸다. 바로 '고딕 건축'이라 불리는 위대한 대성당들로, 중세 전체를 통틀어 가장 화려한 예술적 성취를 거두었으며 건축 예술사의 한 페이지를 휘황찬란하게 장식했다.

첨두형 아치를 사용할 경우, 다양한 평면에 적용할 수 있는 첨두형 돔을 구성할 수 있다. 이것이 고딕 건축 결구의 가장 중요한 특징이다.

이러한 결구는 상부의 중량을 상당 부분 줄일 수 있고, 이로써 벽면이 자유로워져 커다란 창문을 만들 수 있으며, 실내를 훨씬 밝게 만들 수 있다. 창미窓楣와 창의 경계도, 문미門楣, 감미龕楣를 비롯한 모든 곳들, 예를 들어 반아치형 걸침벽(홍예), 종탑 위의 투조透彫 아치, 세 대문 위 벽 장식, 하늘가를 따라 배열된 탑 장식 등도 모두 뾰족한 모양이다. 또한 여기에 가늘고 긴 보 기둥이 있어, 높고 가늘며 곧고 빽빽한 그물망 속에서 고도의 조화를 이룬다. 만약 이 성당을 채우고 있는 모든 사물을 떼어낸다면 리브, 버트리스buttress, 크로스 리브cross rib, 월 리브wall rib, 보 기둥 등의 결구 틀과 문미, 창미, 감미 등 하나의 돌로 이루어진 정교하고 아름다운 거대한 우리처럼 보일 것이다. 이러한 기술은 대소장단이 각기 다른 돌을 하나하나 쌓아올린 것으로서, 인류가 돌을 사용하여 만든 건축물 가운데 감탄할 만한 최고의 경지를 보인 것으로 간주될 수 있다.

노트르담 대성당은 1163년에 짓기 시작하여 대략 90년 뒤에야 비로소 완공된 초기 고딕 건축의 성숙한 작품이자 세계 건축 예술사의 걸작이다. 정면은 전형적인 고딕식 쌍탑 구도로 무척 아름답다.

그림 02-22 고딕 성당의 결구와 시공.
출처 『세계불후건축대도전』

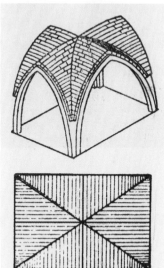

그림 02-23 직사각형 평면의 첨형 아치로 이루어진 십자
형 돔. 출처 『외국건축사』

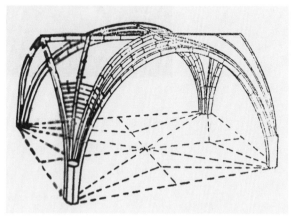

그림 02-24 장방형 평면의 버트레스를 가진 첨형 아치로 이루어진 십자형 돔. 출처 『외국건축사』

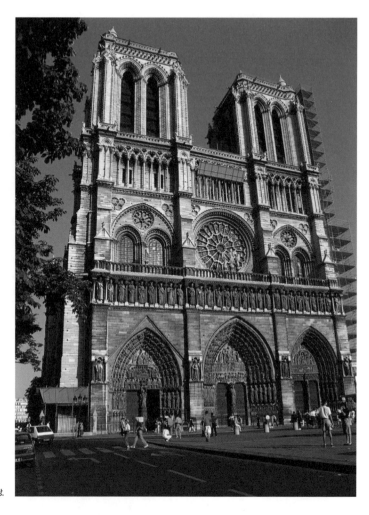

그림 02-25 노트르담 대성당.

저층에는 안쪽으로 깊이 파인 세 개의 첨형 아치 '투시문'이 있으며,
문 위쪽에는 일렬의 횡대橫帶에 26인의 국왕상이 길쭉길쭉하게 조각
돼 있다. 상층의 정중앙에는 거대한 장미꽃 모양의 창이 있는데, 하
나의 석판을 조각해서 만든 것이다. 또한 좌우에는 커다란 첨형 아
치 아래 두 개의 창이 있다. 상부에는 횡렬로 투조透彫로 만든 첨형

아치 주랑이 있다. 한 쌍의 탑루는 2층 이상으로 우뚝하고, 좌우가 대칭을 이루며, 탑루 위에는 각각 두 개의 뾰족한 아치 모양의 창이 있다. 모든 조형요소는 위로 향하는 형태를 취하고 있어, 수직감이 매우 강하다.

성당 뒷부분은 십자형 교차점 상에 높이 90미터의 가늘고 뾰족한 탑이 있다. 측면의 입면에도 첨형 아치와 거대한 장미꽃 창문이 있으며, 거기에 더해 삼면을 두르는 반아치형 걸침벽과 돈대 등이 있어 전체 조형이 매우 풍부해 보인다.

중앙 홀은 너비가 12.5미터고 높이는 30여 미터로, 공간이 매우 수직적이다. 프랑스의 위대한 인도주의 작가인 위고는 그의 불후의 명작 『노트르담의 꼽추』에서 이곳을 매우 길게 상세히 묘사했다. 그는 격정적인 어조로 이렇게 말한다. "이 사람, 이 건축가, 이 무명씨는 제작자의 이름조차 남아 있지 않은 거대한 작품 속에서 사라져버렸지만, 인류의 지혜는 오히려 그곳에서 응고되고 결집됐다. 경탄할 만한 이 건물의 모든 면과 모든 돌은 우리 조국 역사의 한 페이지를 이룰 뿐 아니라 과학사와 예술사의 한 페이지를 이룬다." 위고는 또한 말한다. "민중의 사상은 종교의 모든 법칙과 마찬가지로 그들 자신의 기념비를 가진다. 건축 예술이라는 돌에 쓰이지 않은 인류의 중요한 사상은 존재하지 않는다. 인류의 모든 사상은 이 커다란 책과 그 기념비 위에 영광스런 한 페이지를 남겼다." 그렇다. 위대한 건축은 사용될 뿐만 아니라 그 자체로 위대한 예술품이며, 문화를 내포한다. 1990년 이전까지 이미 250만 권 이상이 팔렸고, 중문판을 포함하여 총 14종의 역본을 지닌 『서양예술사』의 미국인 저자 젠슨은 "과거의 위대한 문명을 떠올릴 때마다 우리는 습관적으로 기념적 성격을 띤 가시적인 건축물들을 각각의 문명을 상징하는 독특한 대상으로 활

용한다"고 생각했다. 그는 건축물을 "가장 드높은 예술적 성취"라고
여겼다.

독일의 쾰른 대성당은 1248년에 착공돼 650년의 시간을 거쳐 19세
기 말에야 비로소 완공됐다. 이는 고딕 성당 중 공사 기간이 가장 길
고 당시 북유럽에서 가장 거대한 성당이었다. 그것은 수직적인 느낌
을 더욱 강렬하게 추구했다. 건물 정면의 횡대는 완전히 소실됐고,
두 개의 층 위에 한 쌍의 거대한 탑루가 있다. 탑루 윗부분은 하늘을
찌를 듯 드높이 솟아오른 높이 152미터의 첨형 지붕으로, 쿠프 왕의
피라미드(높이 146미터)가 거의 4000년 동안 보유했던 세계 최고最
高 건축물의 기록을 깨뜨렸다. 성당 외부는 전체적으로 하늘 위로 솟

구칠 듯한 수직선들이 관통하고 있어, 보는 이들에게 아득한 느낌을 준다. 뾰족하고도 드높은 탑들과 곧고 깡마른 묶음기둥, 골격을 적나라하게 드러낸 반아치형 걸침벽과 첨형 지붕은 마치 이 석재 건축물이 언제라도 지면을 차고 하늘로 비상할 수 있을 것처럼 보인다. 사람들의 영혼도 그것을 따라 하늘로 비상하여 마침내는 하늘나라의 신 앞에 당도할 것 같다. 파리 노트르담 성당과 비교할 때 쾰른 대성당의 표정은 보다 날카롭고 수척하여, 기독교가 선양하는 탈속의 정신을 강렬하게 드러내고 있다.

5   르네상스

서양 문화에는 두 가지 요소가 있는데, 이를 가리켜 '양희문화兩希文化' 중국어에서 그리스를 가리키는 '希臘'과 히브리를 가리키는 '希伯來'의 앞글자가 동일하다는 데서 착안하여 위의 두 문화를 '양희문화'라 명명라 부른다. 그중 하나는 고대 그리스인이 창조하고 고대 로마인이 계승·발전시킨 고전 문화로, 그 핵심 정신은 '인본人本'이라 할 수 있다. 다른 하나는 고대 히브리인이 창조하고 이후에 발전을 거듭한 기독교 문화로 '신본神本'을 강조한다. 양자는 늘 격렬하게 충돌했고, 건축 풍격 역시 양자의 흥망에 따라 변화했다. 서로마의 멸망으로 고전문화는 북방의 야만족에 의해 황폐화됐고, 문화와 예술을 적대시하는 기독교 신학은 전체 사회의 '만물을 포괄하는 지배 강령'이 됐다. 이 단계에서 교회는 사회의 중심이 됐다.

하지만 인문주의가 완전히 사라진 것은 아니었다. 1000년 동안 음지에서 잠행하던 인문주의는 유럽에서 최초로 자본계급이 성장함에 따라 서서히 깨어났다. "비잔티움 제국이 멸망할 당시(1453) 구출해 낸 수사본手寫本과 로마의 폐허 속에서 발굴해낸 고대 조각은 서양인의 면전에 놀라운 신세계, 즉 그리스의 고대를 드러냈다. 그 광휘로운 형상 앞에 중세의 유령은 사라졌고, 이탈리아에서는 전에 없던 예술적 번영이 이루어졌다. 그것은 이후에 다시는 도달하지 못했던 고대 문화의 재현처럼 보였다." 이것이 바로 르네상스다.

이탈리아 피렌체의 성모마리아 대성당은 르네상스 건축의 봄소식을 알리는 상징물이다. 고딕의 첨형 아치와 돔은 배척됐고, 고대 로마의 궁륭 지붕이 다시 출현했다. 높이는 전보다 더 높아졌고, 형체는 보다 힘차고 강건했다. 건물은 오만하게 자신의 모습을 도시의 하늘 위로 드러냈고, 새로운 심미적 이상의 도래를 선언했다. 1419년 브루넬레스키가 설계를 맡고서 20년 뒤 건물의 돔을 완성했다. 커다란 돔 지붕의 직경은 41.5미터에 달한다.

브루넬레스키의 진정한 개척가적 면모는 그 역시 고딕 건축의 첨형 아치와 리브를 참고하여, 고딕 건축과 고전 건축형식을 절묘하게 결합함으로써 새로운 건축 문화를 탄생시켰다는 점이다.

성당의 정팔각형 돔 지붕 아래에는 12미터 높이의 드럼이 있다. 설계사는 고딕 건축의 고귀한 경험을 이용하여 돔 지붕에 쌍원심雙圓心 첨형 아치 형식을 차용함으로써 측면 추력을 감소시켰고 높고 웅건한 기세를 더했다. 또한 외관과 내부 공간의 효과를 동시에 고려하여, 돔형 지붕을 이중으로 설계했다. 외부 돔 꼭대기에는 채광탑을 설치했고 건물 꼭대기까지의 높이는 107미터에 달했다. 돔 면은 전체적으로 붉은 벽돌을 사용하여 8개의 굵은 골조를 돌출시켰다.

장력으로 가득한 돔의 조형은 르네상스의 창조정신과 용맹한 기

그림 02-28
피렌체 성모마리아 대성당.

개를 나타낸다. 브루넬레스키가 창조한 이 돔의 이성정신은 중세 고
딕 첨탑의 낭만주의에 필적하는 것으로서, 교회 정신을 극복한 르네
상스의 승리를 기념하는 기념비라 할 수 있다. 르네상스 전성기의 가
장 중요한 작품은 로마의 성 베드로 대성당(1506~1626)으로, 이 역
시 세계 최대의 성당이다.

성단聖壇 위에는 커다란 돔이 드럼 위에 웅건한 자태로 드높이 솟
아 있다. 직경은 41.9미터, 전체 높이는 137.8미터에 달하는 이 건축
물은 유사 이래 로마인들이 지니고 있었던 위대한 건축물에 대한 염

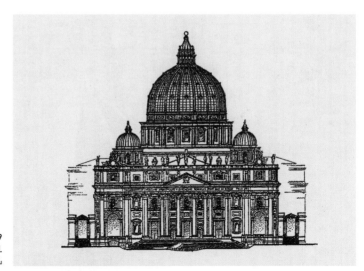

그림 02-29
완공된 성 베드로 대성당의 정면.
출처 「외국건축사참고도집」

그림 02-30 성 베드로 대성당의 궁륭.
출처 「로마, 그 기원에서 2000년까지」

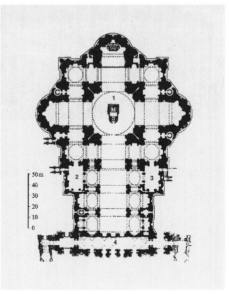

그림 02-31 완공된 성 베드로 대성당의 평면도.
출처 「외국건축사참고도집」

원을 실현시켰다. 드럼 아래 네 꼭짓점에는 길이가 18미터에 달하는 네 개의 받침돌이 있고, 그 사이의 반원통형 아치와 펜덴티브(삼각 궁륭)가 원형 드럼을 지지하여 지면으로부터 76미터 떨어진 곳에서 드럼과 거대 돔을 떠받든다. 그리고 꼭대기에는 채광탑이 있다. 돔은 특별히 달걀 반쪽 모양의 원형으로 늘려놓았고, 여러 개의 이중 리브와 리브로 피렌체 대성당의 그것보다 더욱 강력하게 돔을 강조했다. 리브와 드럼은 이중 기둥으로 고정돼 있고, 결구의 논리는 일목요연하며, 그 기질은 매우 거세고 풍부하다. 네 꼭짓점에는 비교적 작은 돔이 중앙의 거대 돔과 호응하여 중앙 돔을 두드러지게 만든다. 이 거대 돔은 세계에서 가장 완벽한 조형을 가진 것으로 찬사를 받고 있다.

서양 건축에서 거대 돔의 규모와 풍만함, 역동성은 깊은 인상을 준다. 중국 건축의 지붕은 도처에 요곡선과 요곡면이 있는 내향적인 성

그림 02-32
성 베드로 대성당의 중앙홀.
출처 『세계저명건축전집』

격을 띠기 때문에, 서양 건축과 흥미로운 대비를 이룬다.

성 베드로 성당의 내부 공간은 매우 복잡다변하여 석재 결구 건축이 도달할 수 있는 한계까지 이르렀다고 할 수 있다. 이러한 건축은 목재 결구 건축은 상상조차 할 수 없는 것이다. 중앙의 거대 돔 아래에는 네 개의 전후좌우의 작은 공간으로 통행할 수 있는 반원형 아치문이 있으며, 아치문 사이에는 사변형의 펜덴티브 호면弧面이 있다. 그 호면에는 얕고 둥근 벽감壁龕이 있는데, 그 위에 있는 하나의 완정한 낮은 드럼이 벽감을 단단히 붙잡아준다. 열려져 있는 창문에는 높은 드럼이 연접해 있고, 가장 위에 거대 돔이 이어져 있다. 피렌체의 성모마리아 대성당과 마찬가지로, 이 성당의 돔은 내외 2층으로 이루어지며, 안에서든 밖에서든 궁륭을 감상함으로써 완전한 미적 인상을 받게 마련이다.

중앙 홀 좌우에도 좌우 공간으로 통하는 여러 개의 아치문이 있는데, 이 공간들 역시 윗부분과 이어져 있다. 성 베드로 성당의 내부 공간의 전체적 분위기는 고상함, 건강함, 환락 등의 기조를 지닌다. 이는 고딕 성당이 보여주는 냉정하고, 변화무쌍하며 망아忘我적이고 신비로운 그것과 완전히 다르다. 전자는 인간의 세속적 요구를 체현했지만, 후자는 기독교 신학의 관념을 체현했다.

6 / 17~19세기의 서양 건축

17세기부터 르네상스 시기에 유행한 건축 양식이 자주 활용됐다. 거대 궁륭을 특징으로 하는 로마식, 열주列柱와 주랑을 특징으로 하는 그리스식, 르네상스 시기 창조된 새로운 양식이 모두 거기에 포함된다. 프랑스는 16세기 중엽에서 18세기 말까지, 즉 루이 13세에서 16세 시기까지 그간 서양에서 존재하지 않았던 강력한 왕권을 행사한 전제 왕조를 수립했다. 이 시기 건축은 이탈리아 르네상스로부터 유래한 고전주의 건축으로 그 위풍이 당당했고 고귀하고도 장엄했다.

1665년 파리 루브르 궁전 동쪽 편의 개조된 건물은 프랑스에서 고전주의가 성숙했음을 알려준다. 전체 건물은 횡으로 보면 좌, 중, 우 세 부분으로 구성된다. 이 가운데 중앙이 주도적이고, 각 부분 사이에는 주랑이 있어 전체적으로 보면 다섯 부분으로 나뉠 수 있다.

그림 02-34 개조 뒤 루브르 궁전의 동쪽 건물. 출처 『세계저명건축작품전집』

건물을 종으로 보면 기저부, 주랑, 지붕 등 세 마디로 구성되는데, 장중하고 리듬감이 풍부한 주랑이 중심이다. 각 부분의 수직과 수평의 구획은 엄격한 기하학적 수량 관계를 지닌다. 그것들은 절대 대칭을 이루고 이성주의로 충만하며 많은 장식이 없이 간결, 웅건, 장중, 우아하다. 이 건축물은 고전주의 건축의 전범을 수립했다. 이러한 종삼횡오從三橫五로 건축물의 입면을 나누는 방식은 조형의 기법을 풍부하게 해줬으며, 나중에 각국 건축의 모범이 돼 빈번하게 차용됐다.

고전주의 시대 파리에서는 몇 개의 도시 광장을 건설했다. 그중 유명한 것으로는 방돔 광장, 콩코르드 광장, 나폴레옹 시대에 지어진 개선문 등이 있다.

베르사유 궁전과 그 거대한 정원은 파리에서 20킬로미터 떨어진 서쪽 근교에 있으며, 루이 14세가 루이 13세 때 만들어진 사냥용 궁을 개조·확장하여 만든 고전주의 건축물이다. 이 건축물에 관해서는 뒤에서 자세히 언급하기로 하겠다.

18세기 중엽부터 19세기에 이르기까지 정치적 필요에 의해 신흥

그림 02-35 파리 콩코르드 광장.

그림 02-36 파리 개선문.
출처 『서방건축명작西方建築名作』

자산계급은 고대의 민주적 그리스와 번영했던 고대 로마를 대단히 숭배했다. 그에 따라 고전 부흥, 고전 형식의 재현과 조합을 위주로 하는 건축 조류 또한 구미 건축운동의 주류를 형성했다.

이 고전 부흥은 프랑스 전제군주 시대의 고전주의와 구별하기 위해 많은 경우 예술계에서 신고전주의로 불린다. 여기에는 로마 부흥, 그리스 부흥 등이 포함된다. 그 밖에 전통적 조류에 기초한 것으로는 낭만주의(고딕 부흥)와 절충주의가 있었다. 프랑스에는 로마 부흥이 많았고, 영국, 독일은 그리스 부흥과 고딕 부흥이 많았다. 러시아인들은 프랑스를 따라 기본적으로 로마 부흥을 택했다. 미국인들은 새로운 국가의 국위를 선양하기 위해 독립전쟁 시기에 프랑스와 우호적인 관계를 맺어 로마 부흥 위주의 성격을 좇았지만, 부분적으로는 민주정신의 체현에 유리한 그리스 부흥을 채택하기도 했다.

가장 유명한 그리스 부흥 양식의 건축물로는 마들렌 성당(1806~1842)을 들 수 있다. 이 성당은 단정하고 엄숙하며 기념성이 대단히

그림 02-37 마들렌 성당.
출처 「서방건축명작」

그림 02-38 런던 대영박물관.
출처 「세계불후건축대도전」

그림 02-39 에든버러 황가 고등학교.
출처 「서양건축발전사화西洋建築發展史話」

강하다.

프랑스에는 로마 부흥 양식의 건축이 많은데, 대표적인 예가 개선
문이다. 이는 1806년 나폴레옹이 황제가 된 해에 착공됐다.

영국은 그리스 부흥의 경향을 띤다. 대표적인 예가 1825년에서
1847년까지 건설된 대영박물관이다.

또한 영국의 에든버러 성은 '영국의 아테네'라 불리며, 그 밖에도

그림 02-40 런던 국회의사당 동편.

많은 그리스 부흥 건축물(19세기 초)이 있다.

18~19세기 영국을 중심으로 유럽에는 고딕 부흥(낭만주의)이 유행했다. 이러한 현상이 나타난 원인은 당시 영국인이 반反프랑스 심리를 지니고 있었다는 것으로 설명될 수 있을 것이다. 프랑스 대혁명에서 제1~2제정 시기까지 프랑스인과 영국, 독일, 러시아, 이탈리아 등을 포함한 유럽인들은 전쟁을 치렀다. 전쟁은 원한을 야기했다. 프랑스가 주로 로마를 숭상했던 까닭에 프랑스인과 대대로 원수관계였던 영국은 로마 부흥이 아닌 그리스 부흥과 고딕 부흥을 선택했던 것이다.

런던 국회의사당(1836~1868)은 영국의 대형 공공건축물 중에서, 그리고 세계적으로도 가장 중요한 고딕 부흥 건축물이다. 국회의사당은 템스 강 서안을 끼고 남북으로 펼쳐져 있어, 매우 아름다운 스카이라인을 형성한다.

독일은 그리스 부흥 위주였지만, 고딕 부흥과 로마 부흥도 유행했다. 독일의 그리스 부흥 건축물로는 베를린 동문 브란덴부르크 문

그림 02-41
레겐스부르크 전몰자 기념관 전경.
출처 「서방건축명작」

그림 02-42 베를린 국회의사당.
출처 「서방건축명작」

(1753), 베를린 오페라 극장(1818) 그리고 베를린 구 박물관(1824)이 있다. 레겐스부르크 전몰자 기념관은 1830년에서 1841년 사이에 지어졌고, 거의 아테네 성곽을 모방했다.

베를린 국회의사당은 1884~1894년에 그리스 양식 위주로 르네상스 이래의 각종 조형 요소들의 수용을 통해 지어졌다. 이 건물에

그림 02-43
상트페테르부르크 해군부 건물. 출처 「서방건축명작」

그림 02-44 상트페테르부르크 겨울궁전 앞의 참모본부 아치문과 알렉산드르 1세의 공훈을 기념하는 기둥. 출처 「세계문화와 자연유산, 유럽」

서 가장 주목할 만한 것은 의회 메인 홀 상부의 위로 솟아 있는 거대 돔이다. 이 돔은 기존에 이미 습관처럼 굳어진 드럼을 가진 원형 돔이 아니라 사각형 평면의 철강 결구로 다량의 유리를 사용하는 등의 기술적 진보를 보여준다.

표트르 대제와 그 이후의 러시아는 서구 문화를 동경하여 당시 서구의 작품들을 대거 모방한 건축물들을 지었다. 상트페테르부르크 연해 지역에 건축한 여름 궁전(1724)은 프랑스의 고전주의 풍격을 따랐다. 이후 상트페테르부르크 교회 황실촌에는 예카테리나 궁이 세워졌다.

19세기 신고전주의 시기 상트페테르부르크의 네바 강변에 분포한 건축군은 근대 러시아 건축의 유명작이다. 해군부 건물(1806~1823)

은 건축군 중간에 위치해 있다. 그 문루는 러시아에서 가장 우수한 건축 예술작품의 하나다.

그 동쪽은 겨울궁전 광장으로, 겨울궁전(1754~1762)은 광장 북쪽에 위치해 있다. 남쪽에는 총참모본부 건물이 있다. 참모본부 건물의 중간에는 앞뒤 이중의 개선문식 건물이 있는데, 이것이 겨울궁전 광장의 입구다.

1776년 미국은 독립 뒤에 독립, 민주, 자유, 영광을 표현하고 유럽의 고전적 형식으로 자신들의 문화적 열악성을 보완하기 위해 고전부흥 양식을 빌려왔다. 이와 관련하여 가장 중요한 작품은 워싱턴의 국회의사당이다.

국회의사당에서 서쪽으로 가면 길이가 3킬로미터가 넘는 유명한 내셔널 몰이 있는데, 여기에는 각종 기념의 성격을 지닌 건축물들이 분포돼 있다.

여기까지 서양 2500년 동안의 유명 건축물들을 감상했다. 짧은 편폭으로 인해 해외 각지의 건축 발전의 양상과 가장 중요한 건축 사례들을 간략하게 소개할 수밖에 없었다. 보다 깊이 있는 이해를 원하는 독자들에게는 아마도 더 많은 도서와 자료가 필요할 것이다.

3장

정원으로 이루어진
중국 건축의
풍부한 외부 공간

소 위 건축의 외부 공간이란 건물 외벽 밖의 건축군 사이의 공간을 말하며, 만일 모든 건축군을 둘러싼 외벽이 있다면 일반적으로 그 외벽의 범위를 가리킨다. 그리고 그러한 외벽이 없을 경우 건축군의 시각적 영향 범위를 말한다.

앞선 두 개의 장에서 우리는 중국과 서양의 문화 관념의 차이가 건축 재료와 결구의 차이를 불러왔고, 이것이 건축의 형체와 내부 공간에 커다란 상이점을 결정했음을 살펴봤다. 바꾸어 말하면, 중국 건축의 나무 결구, 기둥 보 결구는 외부 형체의 다양성이나 내부 공간의 발달 등에 커다란 제한을 가져왔고, 이로써 전체적인 풍격이 부드럽고 따뜻한 경향을 띠었다. 반면 서양 건축은 벽돌이나 석재 결구를 위주로 하여 기둥 보 체계와는 거리가 멀었고, 아치나 궁륭 결구가 발전하여 형체나 공간의 창조적 가능성을 크게 확대할 수 있었다. 2000년 넘는 건축의 발전은 다채로운 풍모를 드러냈고, 전체적으로 강건하고 웅장한 풍격을 나타냈다. 그러나 우리의 시선을 실외로 돌려보면 한 가지 놀라운 사실을 발견할 수 있을 것이다. 중국인은 군체群體 관념이 발달해서 일찍부터 군체 구도의 개념을 발전시켰다. 중국의 건축군은 정원의 형식으로 횡으로 뻗어 있기 때문에 커다란 면적을 점유한다. 이러한 특징은 다양화된 정원 구성 방식을 통해 각각의 구도 요소들을 조직해야 한다는 외부 공간의 과제를 발생시켰다. 단일한 사물들 사이의 강조와 대비, 정원의 흐름과 변화, 공간과 실체의 허실과 조응, 실내외 공간의 융화와 넘나듦 등은 총체적으로 양적 웅장함과 형체적 풍부함을 형성했고 강렬한 분위기를 내뿜어 사람들에게 깊은 인상을 심어준다. 요컨대 중국 건축은 외부 공간의 창조에 있어 세계 최고 수준에 도달했으며, 그 점에서 서양을 크게 능가한다. 말하자면 '군群'은 중국 건축의 영혼이며, '군'의 통일을 위해 부분적으로 단일 사물들의 다양성을 희생시켰다고도 볼 수 있는 것이다.

이를 통해 우리는 중국과 서양 건축을 감상함에 있어 서로 다른 관점이 필요함을 알 수 있다. 중국의 건축물을 감상하기 위해서는 어떤 특정 단일 건물의 조형, 즉 그것의 몸체, 표면, 선의 변화, 내부 공간이 자아내는 분위기와 장식의 운용뿐만 아니라, 보다 넓은 시야를 가지고 각각의 건물이 무리 속에서 갖는 역할, 각각의 건물 간의 관계 등 건축군의 전체 처리 방식을 감상할 수 있어야 한다. '아름다움은 관계에 있다'는 말은 중국 건축에서 가장 선명하게 드러난다.

1   궁전

중국 건축의 특징은 궁전에서 가장 두드러지게 나타난다. 매우 다행스러운 것은, 보존이 쉽지 않은 나무 결구 건축이 명나라 초기의 건축물인 베이징의 자금성에 완벽하게 보존돼 있어 우리에게 아주 좋은 연구 사례를 제공해주고 있다는 점이다.

베이징의 자금성은 1420년에 원나라 궁전을 헐어낸 기초 위에 지어졌다. 전체 궁은 남북으로 종적 축선을 형성하는데, 이는 건축군의 중심 축선이기도 하다. 남쪽 끝 궁전 구역의 기점인 대명문大明門에서 황성皇城, 궁성宮城을 거쳐 경산景山에 이르기까지 길이가 2500미터에 달한다. 궁전은 크게 세 개의 마디로 나눌 수 있는데, 각 마디와 각 마디 내부의 작은 단위들은 예술적 기법이나 효과에 있어 상이하지만, 모두 황권皇權이라는 하나의 주제를 부각시키기 위해 서로 이어지고 앞뒤로 호응하며 일관성을 지니고 있다.

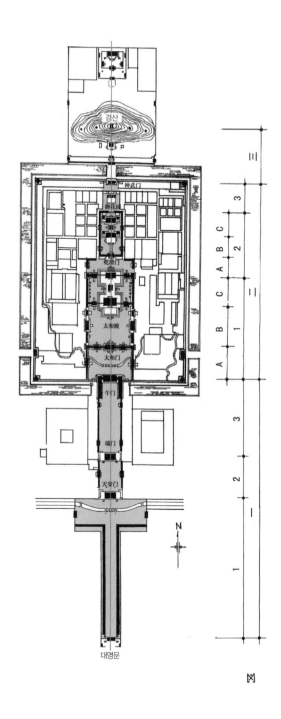

경산

神武门

御花园

乾清门

太和殿

太和门

午门

端门

天安门

대명문

三

3

A B C

2

C A

二

C B

1

A B

3

二

2

1

N

그림 03-01 자금성 중앙 축선 구도
계열 분석. _샤오모 그림

1. 선도先導 공간: 길이는 1250미터, 궁전 구역 종축선 전체 길이의 정확히 절반에 해당한다. 승천문承天門(오늘의 천안문天安門), 단문端門, 오문午門 전방의 세 개의 광장으로 구성된다.

평지에 세워진 대명문은 크기가 비교적 작고 형태도 그리 눈에 띄지 않으며, 단첨單檐 무전廡殿에 세 개의 아치문을 가진 벽돌 건물이다. 문 안 쪽에 있는 천안문 광장은 '정丁'자 형태로, 기다란 일자형 수직선 광장 양 옆으로는 길고 평평한 천보랑千步廊이 있어 멀리 천안문을 마주본다. 종으로 기다란 광장과 천보랑의 투시선은 강한 유인의 성격을 지니며, 천보랑의 낮고 평평한 처리는 그것의 기세를 힘껏 누름으로써 천안문의 장려함을 돋보이게 한다. 천안문 앞에 이르면 광장은 돌연 횡으로 길게 확장되고 그 양 끝에는 대명문과 유사한 문이 각각 하나씩 드러난다. 크고 높은 천안문 성루는 성대城臺 위에 서 있다. 그 면적은 아홉 간이고 이중 처마에 지붕은 헐산歇山이다. 성대에는 중간이 높고 주변이 낮은 다섯 개의 아치문이 있으며, 문 앞에는 금수하金水河와 다섯 개의 문에 대응하는 다섯 개의 아치교가 있다. 새하얀 돌다리의 난간과 화표華表, 석사石獅, 그리고 붉은 벽과 노란 기와는 서로 호응을 이루어 매우 화려하고 웅장하다. 또한 천안문은 대명문 안의 협소하고 낮은 지대와 강렬한 대비를 이루어, 앞에서 이끌고 뒤에서 따르는 전체 경관에서 첫 번째 고조高潮를 형성한다.

단문 광장은 약간 긴 사각형으로, 천보랑 통로에 비해 넓지만 승천문 전방에 가로놓인 통로보다는 매우 좁다. 사면이 가로막혀 있어 평온하고 중용적인 과도적過渡的 공간으로, 또 하나의 커다란 고조를 보여준다.

오문은 궁성의 정문으로 수·당 시기에서 원대까지 이어진 전통을 계승하여 '요凹'자 형을 취했다. 지면에서 꼭대기까지는 37.95미터

그림 03-02 천안문. _마빙젠马炳臤 등 촬영

그림 03-03 천안문 측면. _샤오모 그림

로 자금성에서 가장 높은 건축물이며, 궁전의 정식 입구이자 앞에
서 이끌고 뒤에서 따르는 경관의 최고조를 이룬다. 오문 광장은 아래
의 예술기법을 통해 그 예술적 사명을 완수했다. 1)세로로 긴 밀폐
된 광장으로 단문을 나와 오문까지 중도中道를 따라 걸으려면 꽤 긴

시간이 요구돼 감정을 충분히 숙성시킬 수 있다. 2)단문에서 오문을 바라볼 때, 비교적 먼 시거리가 광장 끝의 주요 건축물의 무게감을 약화시킨다. 또한 요자형 평면의 좌우가 앞으로 뻗어 나와 있어 사람을 가까이 잡아당기고 수평 시각을 확대하여 전체 조형을 풍부하게 한다. 3)오문과의 거리가 점점 가까워질수록, 요자형 평면이 에워싼 거대한 건물이 면전으로 다가오며, 드높고 단조로운 붉은 성벽이 점점 시야 전체를 가득 메움에 따라 밀폐감, 압박감, 긴장감이 점차로 강렬해진다. 4)광장 좌우의 길게 늘어선 조방朝房은 최대한 낮고 작게 지음으로써 오문의 웅장함을 부각시켰다. 오문의 세 개의 문은 보기 드문 사각형 모양으로, 반원형 아치보다 엄숙한 느낌을 주기 위해 의도적으로 그러한 모양을 취했을 것이다.

명나라는 황제의 권력이 매우 강력했던 전제 정권이었다. 이에 건축 예술은 그와 같은 사회적 성격을 십분 반영했다. 이전 시대에 지어진 당나라 대명궁의 함원전含元殿은 비교적 규모는 작지만 삼엄하고 냉정한 느낌을 주는 반면 자금성은 보다 드넓고 명랑한 느낌을 준다.

2. 고조高潮: 자금성은 전조前朝, 후침後寢, 어화원御花園 등 세 개의 마디로 구성되며, 총 길이는 대략 950미터 정도다. 태화문 광장에 이르면 폭이 갑자기 넓어지는 대신 깊이는 줄어든다. 분위기는 오문 광장에 비해 크고 느슨해진다. 대명문에서 시작해서 세 개의 궁 전면의 광장에 이르기까지 점차 조여드는 분위기는 태화문 광장에 이르러 비로소 완화된다.

태화전 광장과 태화문 광장은 너비가 같고 정방향이다. 이곳은 전체 궁전 구역 내지는 전체 베이징 성의 핵심 공간이다. 대전大殿은 흰 돌로 층층이 쌓아올린 3층의 단 위에 세워져 있으며, 넓고 거대한 단은 전방 광장으로 돌출돼 있다. 원정院庭 공간의 단정함과 완정함을 유지하기 위해, 대전의 앞 처마와 원정의 뒤 경계를 평행하게 했고 대전 본체는 원정 밖에 위치시켰다. 이 대전은 현존하는 중국 최대의 전당으로, 광장 지면에서 건물 꼭대기까지 35.5미터에 달한다. 거대

그림 03-07
태화문 안에서 바라본 태화전.

그림 03-08 태화전.

한 무게와 피라미드식의 입체 구도는 예사롭지 않은 장중함과 안정감, 엄숙함과 황권의 불가침성을 상징한다. 살짝 위로 올라간 지붕의 꼭짓점과 안으로 약간 오목한 지붕면은 중후한 성격을 나타낸다. 단의 양쪽 측면에 있는 크지 않은 문은 대전과 함께 '품^品'자를 형성한다. 그리고 회랑과 좌우 양 누각은 횡축을 형성한다.

대명문에서 태화전에 이르기까지 사용된 자재는 모두 석재이고, 나무를 심지 않아 그 기조가 엄숙하다. 그러나 태화문 광장은 태화전 광장이나 오문 광장과 달리 엄숙한 분위기 가운데서도 약간의 차이점을 보여준다. 태화문 광장은 오문 광장처럼 삼엄하지 않고 보다 침착하면서 풍부하다. 즉 장중함과 엄숙함 속에 평화, 고요함, 장쾌함이 녹아있는 것이다. 장중함과 엄숙함은 '예^禮'와 '예는 다름을 분별한다^{禮辨異}'는 것을 의미하며, 군신과 존비의 계층질서와 천자의 권위를 강조한다. 또한 평화와 고요함은 '악^樂'과 '악은 같음을 통일시킨다^{樂統同}'는 것을 의미하며, 사회의 통일과 협동, 민심의 조화와 안정을 강조한다. 이는 천자가 몸소 '사람을 사랑하는^{愛人}' 곧 '인^仁'을 실천해야 한다는 규범을 의미한다. 이렇듯 위엄과 화합 중 어느 한쪽에 치우치지 않고 양자의 통일을 추구해야 한다. 천자는 존엄함을 유지

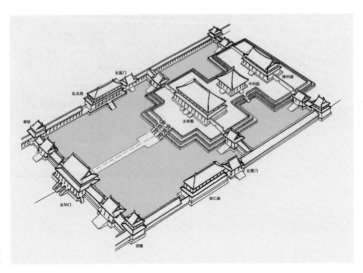

그림 03-09 삼대전三大殿 조감도.
출처 「위대한 제국의
수도—북경의 역대 건축」

하면서도 '관대하고 자애로우며 후덕한' 면모를 보여줘야 하며, 장중
함으로 황제가 통치하는 위대한 제국의 기개를 드러내야 한다. 건축
예술가는 아무런 감정도 없는 벽돌, 나무, 돌 그리고 어떠한 의미나
묘사 기능도 없는 건축물과 그 조합을 통해, 복잡하고 미묘한 사상
과 정신을 추상적이고도 명료하게 구현해야 한다. 중국 예술사는 이
점에서 자랑할 만한 성취를 거뒀다. 그와 같은 봉건사회에서는 건축
이라는 추상적 형식의 예술을 통해서만 전체 인민의 집단의식과 심
오한 의미를 지닌 통일적 사회 관념을 충분히 표현할 수 있었다.

　태화전과 중화전中和殿, 보화전保和殿 등은 모두 3층 계단의 '공工'자
형태의 단 위에 세워져 있는데, 이는 송·금·원의 궁전 건축으로부터
비롯된 것이다. 공 자형 단 앞에는 커다란 월대月臺가 돌출돼 있는데
위는 남쪽, 아래는 북쪽인 '토土'자 형태를 띤다. 중국의 금金, 목木, 수
水, 화火, 토土의 오행 관념에 따르면, 토는 중앙에 위치하여 가장 존귀
하다.

  침전 공간後寢은 횡으로 뻗은 건청문乾淸門 광장(천가天街라 불림)을 앞
에 두고, 전·중·후 세 개의 건물로 이루어진다. 세 개의 건물은 1층
높이의 '공工'자 형태의 토대 위에 위치해 있다. 침전의 건축과 정원은
이전 왕조와 비교할 때 매우 작아, 그 면적이 4분의 1에 불과하다. 그
러나 그 비율은 이전 왕조와 같고, 조합의 규칙과 건축 형상 역시 이

전 왕조와 유사하다.

이전 왕조의 침전 공간은 이후에 어화원이 됐다. 그것은 질서정연한 궁전 건물들 가운데 위치해 있으며 배치가 대칭을 이루지만, 고목들이 하늘 높이 솟아 있고 녹음이 우거져 궁 안에서 가장 정취를 지닌 곳이라 할 수 있다.

3. 건축군의 마무리: 신무문神武門에서 경산 꼭대기까지의 거리는 300미터 정도다. 경산은 '진산鎭山'이라고도 불린다. 이는 원 왕조의 기운을 억누른다는 의미를 함축하며, 산 아래 원나라의 연춘궁延春宮을 내리누르고 있다.

산허리를 끼고 다섯 개의 정자가 늘어서 있다. 이것들은 청나라 건륭 시기(1751)에 지어진 것으로, 중심 봉우리 정상의 만춘정萬春停의 꼭대기는 지면으로부터 60미터 높이에 있다. 자금성의 축선을 따라 일어나는 거센 기세는 힘 있는 마무리가 필요하다. 크기가 너무 작으면 그 역할을 맡을 수 없고, 너무 크면 궁전 자체의 기세를 빼앗아버릴 수 있다. 이곳에 거대한 경산을 쌓고 그 정상에 작은 정자를 지은 것은 빼어난 처리 방식이었다. 궁성에는 장막과 같은 배경이 필요하다. 궁성 안에서 볼 수 있는 공제선을 풍성하게 하고 궁성의 규모, 궁성과 궁성 이외의 환경 간의 관계 등을 알려주는 역할을 이 경산이 수행한다. 건륭제는 이렇게 말했다. "경산을 가리켜 궁전의 병풍이라 한다."

만춘정은 사각형에 삼중 처마이며, 초록색 가장자리에 기와 꼭대기는 노란색 유리로 만들어져 있다. 양 옆의 두 개의 정자는 비교적 작고, 팔각형의 이중 처마며, 노란색 가장자리에 기와 꼭대기는 초록색 유리로 돼 있다. 가장 바깥쪽 두 개의 정자는 제일 작고 원형에

그림 03-12 각루_{角樓}와 경산.

이중 처마이며, 자색 가장자리에 기와 꼭대기는 남색 유리로 돼 있다. 건물들의 크기, 체형, 색채는 모두 리듬감 있게 변화한다. 사각형과 노란색은 비교적 엄숙하여 궁전의 분위기, 궁전 건축의 직사각형 및 사각형 평면, 노란색 유리기와 등과 조화를 이루기 때문에 중앙의 가장 큰 정자에 활용됐다. 원형, 남색은 비교적 민첩하여 자금성밖의 광대한 내원內苑과 어울리며, 양자 사이에는 연계와 과도過渡의 성격이 공존한다.

자금성처럼 거대하고 복잡하며 높은 수준을 표현한 건축 군체 구도는 세계적으로 매우 드물기 때문에 가히 최고의 전범典範이라 할 수 있다. 서양 건축의 출발점은 면面이고, 완성은 집체적 덩어리 형태의 체體이기 때문에 강렬한 부피감을 불러일으킨다. 서양 건축물은 독립적이고 자족적이어서, 그것을 감상하는 일은 마치 조각을 감상하는 것 같다. 그것 주위를 둘러싸고 있는 사람들에게, 감상의 대상은 오로지 건물의 윤곽선이다. 건물 외벽에 창문을 내면 그것은 외향적·발산적 성격을 띠며, 그 감상의 중점은 '바라봄'이 된다.

중국 건축의 출발점은 선이며 그 완성은 펼쳐져 면을 이루는 군群이다. 회화 작품과 비교해보면, 군 안의 회랑, 벽, 전당, 대臺, 정자, 누각, 연못가, 곡선형 난간, 작은 하천, 도로 등은 어느 하나 할 것 없이 굵기와 농담濃淡, 길이가 서로 다른 '선'을 이룬다. 중국의 건축군은 한 폭의 '그림'이다. 건축군 주위의 벽은 액자에 해당하며 거기에는 어떠한 표현력도 없다. 이처럼 커다란 '화폭'은 사람들이 그 안에 거해야만 비로소 그 면모를 볼 수 있다. 따라서 사람들이 건축물을 둘러싸고 있는 것이 아니라 건축물이 사람을 둘러싸고 있는 것이다. 중국의 건축은 내향적이고 수렴적이다. 따라서 그 감상 방식도 정태적인 '바라봄'이 아니라 동태적인 '유희'다. 사람들은 화폭 안에서의 유희를 통해, 걸음마다 새로운 풍경을 만나고 새로운 정서를 품는다. 또한 각종 '선'의 엉성함과 조밀함, 짙음과 옅음, 끊어짐과 이어짐의 교차를 느끼고, '선'과 '선' 이외의 공백(정원)이 이루는 허와 실의 만남을 체득함으로써 '그림' 전체를 음미하기 마련이다.

중국의 그림에서 어떤 하나의 선이 전체 그림에서 벗어나면 아무런 의미도 가질 수 없는 것처럼, 중국 건축에서 단일 건물이 건축군에서 벗어나면 그 존재는 근거를 상실하기 마련이다. 태화전은 자금성의 장엄함으로부터 그 가치를 얻고, 기년전祈年殿 역시 송백松柏나무가 울창한 천단天壇의 배경 속에서만 생명을 가진다.

중국 건축의 공간미는 주로 실외 공간의 변화 속에 존재한다고 봐야 한다. 단일 건축물의 입장에서 보면 그것은 외부 공간이지만, 외벽으로 가로막힌 전체 건축군의 입장에서 보면 그것은 내부 공간이다. 그러나 이 공간은 하늘이 뚫려 있다. 또한 이 공간이 수평적이라 하더라도 공랑空廊, 반공랑半空廊, 첨랑檐廊, 정자亭子, 문창門窓 등을 통해 수시로 다른 내외부 공간으로 침투해 들어가며, 그 공간의 크기와 형상은 '회화'적이어서 절대적으로 명확한 체형과 체적을 가지지 않는다. 이렇듯 존재하면서도 존재하지 않으며 정지한 듯하지만 유동하는 침투성을 지닌 공간을 가리켜 소위 '회색공간'이라 부르는데, 이는 중국의 회화에서 여백과 여백 주위의 번짐처럼 변화무쌍하면서도 지극히 수려한 의경을 지닌다. 즉 "필묵이 닿지 않아도 영기靈氣가 허공을 거닐"(고포高晡, 『논화가論畵家』)며, "허와 실이 상생하니, 그림이 없어도 묘경妙境이 되"(달중광笪重光, 『화전畵筌』)는 경지라 할 수 있다. 예술가의 장인정신은 종종 이렇듯 필묵이 닿지 않는 곳에 존재하는 것이다.

허와 실이 서로 공생하는 중국의 건축과 정원에는 세 가지 기본적인 형식이 있다. 첫째는 사합원四合院 형식으로 자금성의 각 정원과 마찬가지로 실내가 허하고 실외가 실하다. 둘째는 구도의 주체가 정원 정중앙에 있어 사방으로 확장하는 태세를 취하고, 주위의 구도 요소가 그것보다 훨씬 낮거나 작으며 그것을 사면四面으로 둘러싸 중심으로 수축해 들어감으로써 균형을 이루는 '내실외허內實外虛'의 형식이다. 이상 두 가지 방식은 규정식規整式이라 부를 수 있으며, 명확히 전체 국면을 관통하는 축선을 가진다. 전자는 세로 축선을 강조하여 일련의 요소들이 종적으로 연결된 정원을 확장·조성할 수 있으며, 후자는 종횡 양 축선이 기본적으로 동등한 지위를 지니고 자족·자립적이며 재차 확장하지 않는다. 그리고 세 번째 방식에서는 정원의 외랑外廊이 일정하지 않고 뜰 안의 건축물들의 배치가 자유롭고 변화무쌍하지만, 어지러움 속에 규칙이 있고 움직임 속에 고요함이 있다. 처음에는 흐트러진 듯 무질서해 보이지만 실제로는 엄격한 규율이 그 안에 있고, 짜임새가 정교하고 허와 실이 교차하여 원림에서 보다 많이 운용된다. 이러한 형식은 전체 국면의 축선을 관통하지 않지만,

내부의 작은 구역에 작은 축선으로 존재하면서 서로 일정치 않은 방향으로 꿰뚫고 교차하므로 자유식自由式이라 부를 만하다. 규모가 비교적 큰 건축군 안에서 이상 세 가지 조합 방식은 종종 서로를 비춰 주며 존재한다.

군체의 구도에서 중앙 축선의 배열 처리는 가장 중요한 의미를 띠고 있지만, 그 외에도 축선 양 측면 건축의 구도 또한 중요하다. 그것들은 축선을 두드러지게 한다. 이는 "모든 규칙은 중앙으로부터 분리되지 않는다"는 고대 건축 예술의 명언을 따르고 있다. 중앙 축선 양 측면의 구도는 대체적으로 대칭을 이룬다. 천보랑의 동쪽과 서쪽에는 중앙 관청이 있다. 오문 광장 밖에는 '좌조우사左祖右社'가 있다. '조'란 황족의 조상에게 제사 지내는 태묘太廟를 말하며, '사'란 사직단社稷壇을 일컫는데, 이곳은 농사로 나라를 일으킨 농사의 신 '사'와 오곡의 신 '직'에게 제사 지내는 곳이다. 궁전 내에 좌우 각각 조와 사를 배치한 것은 황족과 신의 권위를 통해 황제의 권위를 부각시키기 위해서였다.

침전의 동쪽과 서쪽에는 각각 영항永巷이라 불리는 거리가 있었다. 거리 좌우에는 세 개의 작은 궁이 있어 이를 합하여 육궁이라 불렀다. 이곳은 비빈들이 거주하는 곳이었다. 동서 육궁 이외에 남북으로도 많은 궁이 있어 좌우 대칭을 이룬다. 동북쪽의 외동로外東路에는 태상황인 건륭의 요양을 위해 지은 영수궁寧壽宮이 있는데, 그 구도는 이전 왕조의 침궁을 축소시킨 것과 유사하다. 영수궁 서쪽은 건륭 화원이다. 그 외에 성안의 주변과 기타 공간에도 부차적인 궁과 궁정 화원, 황가皇家의 사찰과 수비병들이 사용하는 건물이 있다.

자금성의 설계에는 기타 조형 기법들도 동원됐다. 예를 들어 시각 설계, 색채, 장식 등이 그것이다.

그중 시각 설계가 가장 중요하다. 그것은 실내외 공간을 구성할 때 필수적으로 고려해야 할 문제였다. 감상자와 감상되는 경물의 거리가 대략 경물의 가로 너비와 비슷할 경우 이때의 수평 시각은 대략 54도가량이 되는데, 이는 육안의 자연스러운 수평 시각과 가까운, 관상을 위한 이상적인 각도다. 거리가 너무 멀면 좌우의 부차적인 경물들이 시야에 지나치게 많이 들어와 주요 경물이 두드러지지 않는다. 그리고 거리가 너무 가까우면 주요 경물의 전체 면모를 보기 어렵다. 한편 감상자와 경물의 거리가 경물 높이의 세 배가 될 때, 수직 시각은 18도가량이 되는데, 이는 경물 전체를 감상하기에 가장 좋은 수직 각도다. 만약 거리가 너무 멀면 하늘이 지나치게 많이 보여 주요 경물이 두드러지지 않게 됨으로써 경물의 전체 면모를 자연스럽고 편안하게 관상할 수 없다. 외부 공간에 경물을 배치할 때는 문 입구, 종횡 축선의 교차점 등과 같은 주요 관상 지점과 그 관상 효과에 특히 신경을 써야 한다. 이러한 점을 통해 자금성을 분석해보면 많은 곳에서 그에 부합하는 규칙을 발견할 수 있으며, 설계에 정성을 많이 쏟았음을 알 수 있다. 예를 들어 오문을 통과해서 태화문과 좌우 두 개의 문을 바라보면, 남북 수직 거리가 약 150미터로 경물의 전체 너비와 일치한다. 또한 태화전은 크기가 매우 커서 좌우 두 개의 문까지 더하면 전체 너비가 180미터에 이른다. 이에 설계자는 태화전 광장에 깊이를 더하여 태화문 후첨後櫓 기둥에서 이 태화전의 거리를 정확히 180미터로 설계했다. 또한 태화문 광장 동쪽과 서쪽의 끝에는 자금성의 동서 두 개의 문으로 통하는 문옥門屋이 있어 광장의 횡축을 형성하고, 이 횡축이 종축과 교차되는 지점은 다섯 금수교金水橋의 중앙 교량 북단이다. 여기서 태화문과의 거리는 약 75미터로 태화문의 높이인 23.8미터의 세 배에 상당한다. 태화전 광장의 횡축은

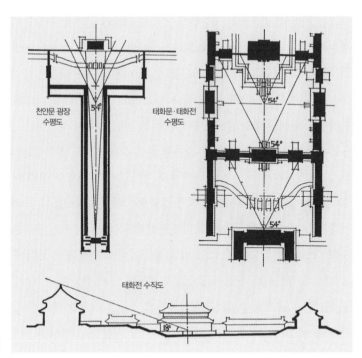

천안문 광장
수평도

태화문·태화전
수평도

태화전 수직도

동서쪽 두 개의 건물 중심을 이은 선이며, 종횡축의 교차점은 태화전 중심으로부터 약 115미터 떨어진 곳으로 토대를 포함한 태화전 높이인 35.05미터의 약 세 배에 상당한다. 설계자는 분명 이와 같은 요소들의 시각적인 효과를 주도면밀하게 고려했을 것이다.

색상의 배치, 그림, 장식 등의 운용은 자금성에서 중요한 역할을 한다.

베이징의 궁전건축 예술은 세계에서도 그 명성이 자자하다. 영국 학자인 조지프 니덤Joseph Needham은 『중국의 과학과 문명』에서 베이징의 궁전에 대해 다음과 같이 말한 바 있다. "우리는 서로 구별되면서 동시에 상호 관통하는 일련의 공간을 발견했다. (…) 이는 베르사

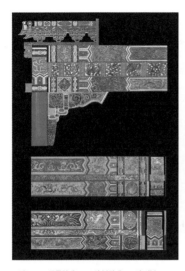

그림 03-14 금룡화새金龍和璽와 봉화새鳳和璽의 견본.
_벤징奔精 그림

그림 03-15 원형 무늬 견본.
출처 「중국고대건축기술사中國古代建築技術史」

유 궁전과 같은 르네상스(또는 고전주의)식의 서양 궁전과는 딴판이었다. 그곳에서 개방된 시점은 완전히 하나의 건축물 위에 집중돼 있다. 궁전은 다른 물건이나 도시와는 구분돼 있었다. 그러나 중국의 관념은 매우 깊고 대단히 복잡하다. 왜냐하면 하나의 구도에 수백 가지의 건축물이 있으며, 궁전 자체는 궁전의 성벽, 가도街道 등으로 이어진 전체 도시라는 보다 커다란 유기체의 일부분에 불과하기 때문이다. (…) 중국의 관념은 동시에 지극히 미묘하고 천변만화千變萬化하며 융합의 분위기를 포함하고 있다." 그는 중국의 위대한 건축물의 전체 형식은 이미 "어떠한 문화도 일찍이 초월한 적 없는 유기적인 설계도"가 됐다고 말했다. 니덤은 베이징과 베이징의 궁전에 대한 논의를 통해 중국 건축 예술에 대한 자신의 깊은 이해를 증명했고, 중국 건축 예술이 지니는 매력을 밝혀냈다. 하나의 예술작품의 사상적 깊이는 종종 그것의 조직과 구조의 복잡성과 정비례한다. 사람들은 그러한

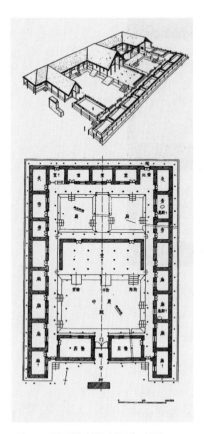

그림 03-16 치산 평추춘의 선주 시대 궁전(종묘) 복원도,
_푸시녠 복원 및 그림

작품의 복잡성을 깨닫는 과정 자체로부터 그것이 내포하는 거대한 사상적 역량을 '깨닫게' 된다. 베이징의 궁전은 분명 세계적 의의를 지닌 예술 거작의 반열에 오를 자격을 지니고 있다.

자금성은 사실 명대에 만들어진 것이 아니다. 그것은 하대夏代(기원전 21세기부터)에서 명나라 초기에 이르기까지 3000년의 시간 동안 부단히 성숙돼 온 것이다.

예를 들어 산시陝西 치산岐山의 평추춘鳳雛村에서 발견된, "무왕武王이 상商나라를 멸망시키기 이전 시기의 것으로 보이는" 상나라 말기 선주先周 시대의 궁전이나 종묘 유적지는 완정한 양지兩進 사합원四合院으로 상당히 성숙된 형태를 띤다.

궁전 내 '좌조우사'의 배치는 이미 춘추시대의 저작인 『고공기考工記』에 기록돼 있다. 이 책은 서주 낙읍洛邑 왕성과 그 궁전에 관한 내용이 담겨 있다. 주나라 시기의 궁전은 중앙 축선을 따라 '문門'이라 불리는 수많은 문옥과 '조朝'라 불리는 광장, 그리고 전당들이 정연하게 서로 연결돼 있으며, 그것들은 중앙 축선에 의지하여 종심 구도를 형성한다. 각각의 구역은 서로 다른 분위기를 형성했고, 유기적인 조합을 통해 예상했던 공간 예술의 효과에 도달했다. 그것은 이후 각 조대의 궁전뿐만 아니라 사찰, 묘당, 관아, 주택 등의 구조에도 영향을 끼쳤다.

당나라 대명궁大明宮 함원전含元殿(634)의 복원도는 그 위엄과 웅장함에 있어 천하제일이라 할 만했다.

그림 03-17 당 장안의 대명궁 함원전. 출처 『인류문명사도감人類文明史圖鑑』

그림 03-18 한국 경복궁의 궁문에서 본 흥예문興禮門. _샤오모 촬영

그림 03-19 한국 경복궁 근정전. _샤오모 촬영

그림 03-20 한국 창덕궁 인정전 _샤오모 촬영

그림 03-21 베트남 순화順化 자금성 오문의 뒷면. 출처 『중국건축예술사』

이 외에도 베이징 자금성의 세 궁 앞 광장의 구조는 북송 변량汴梁 궁전으로부터 대대로 발전해 내려온 것이다.

자금성은 한국과 베트남의 궁전에도 직접적인 영향을 미쳤고, 일본의 궁전에도 전범을 제공했다. 그러나 이러한 궁전들은 중국의 척도를 따라 왕부王府에 상당한 규모로 지어졌다.

2 / 천단

　건축의 외부 공간에 관해 이야기하자면 천단을 빼놓을 수 없다.
하늘에 대한 제사는 일종의 원시 종교로서, 중국의 경우 일찍이 하
상夏商 시대부터 이어져 내려왔다. '명당明堂' '세실世實' '중옥重屋' '벽
옹辟雍' 등의 개념들은 모두 신에 대한 제사와 관련이 있다. 당나라
장안 시기의 남쪽 교외에서는 당시의 천단 유적이 출토된 바 있다.
　베이징의 천단은 세계적인 예술품으로, 명대 영락永樂 18년(1429)에
착공했고 그 후에도 보수를 거쳤다. 그 예술 주제는 지고무상한 '하
늘'에 대한 찬미로, 모든 예술기법은 하늘의 위엄과 숭고함을 나타내
는데 대단히 탁월한 성취를 거뒀다.
　천단은 명·청 시대 황제가 하늘에 제사를 지내던 장소다. 그 크
기는 동서로 1700미터, 남북으로 1600미터로 대단히 크다. 둥근 담
장이 두 겹으로 이루어져 있고, 남면은 끝이 네모지고 북면은 둥근

그림 03-22
수당 시기 장안 천단 유적지.
출처 「위대한 제국의 수도—북경의
역대 건축」

그림 03-23 천단의 건축군.

데, 이는 '둥근 하늘과 네모진 땅天圓地方'을 상징한
다. 정문(서문)에서 동쪽으로 걷다보면, 안쪽 담장
문 안에 재궁齋宮이 있다. 황제는 제사를 지내기 전
이 곳에서 묵거나 목욕을 재계했다. 그리고 더 동
쪽에는 주 건물로 이루어진 남북 종축선이 형성돼
있다. 남쪽의 원구圜丘는 삼층의 원대圓臺로 이루어
져 있다. 원구 북쪽의 둥근 뜰 안에는 원형 건물인
황궁우皇穹宇와 '호천상제昊天上帝'의 신비神碑가 있으
며, 건물 안에는 정교하고 아름다운 조정藻井이 있
다. 그리고 더 북쪽의 단폐교丹陛橋라 불리는 큰 길
끝에는 기년전이 서 있다.

　　천단의 외부 공간은 '하늘'이라는 주제를 돌출
시켜 건물의 밀도가 작고 방대한 녹지를 조성하여 엄숙하고 숭고한
분위기를 강렬하게 자아낸다. 안쪽 담장은 바깥쪽 담장의 정중앙이

아니라 약간 동쪽으로 치우쳐 있으며, 건축군의 종축선도 안쪽 담장
이 둘러싼 영역의 중간선을 따라 동쪽으로 200여 미터 치우쳐 있어,
서문(정문)으로부터 더 멀리 떨어져 있다. 사람들은 긴 보행을 통해
세속의 먼지를 털어내고 점점 신과 가까워지고 있음을 느낄 수 있다.
즉 공간은 시간으로 전환되고, 감정은 충분히 무르익는다. 원구는 투
명하고 순결하여 '하늘'의 성결하고 변화무쌍함을 부각시킨다. 원구
의 이중 담장은 1미터 정도의 높이로, 원대의 높고 거대함과 대비를
이루며, 원대 위에 오른 사람들의 사주 시선을 가리지 않아 전망이
탁 트여 있다. 담장은 뚜렷한 색채를 통해 석재로 이루어진 원대의

흰 빛과 대비를 이루며, 담장 위의 백석白石으로 이루어진 영성문櫺星門의 흰색은 원대와 호응함으로써 기다란 담장의 단조로움을 타파하는 데 도움을 준다. 또한 길이 400미터, 너비 30미터의 단폐교와 기년전의 뜰은 주위 지면으로부터 높게 솟아올라 그와 유사한 효과를 자아낸다.

기년전은 원형이며 직경은 약 24미터다. 3중 처마와 찬첨攢尖 지붕은 청색 유리 기와로 덮여 있으며, 그 아래에는 3층으로 쌓인 높이 6미터의 백석 원대가 있다. 기년전과 원대의 높이는 도합 38미터에 이른다. 청색 지붕은 하늘의 색조와 유사하여, 마치 하늘과 섞인 듯하다. 이 모든 것들은 인간과 하늘이 서로 친근하다는 의미를 나타낸다.

천단은 주제를 드러내는 데 상징과 은유의 기법을 광범위하게 운용하고 있다. 예를 들어 원형평면을 사용하고 농업과 관련된 역수歷數를 채용하여 사계절, 열두 달, 24절기를 상징했다.

3

민가

중국의 건축을 군체의 배치라는 방식을 통해 설명하면 서로 상응하는 면이 많음을 알 수 있다. 예를 들어 궁전, 사찰, 민가는 모두 원락식院落式 조합 방식을 사용한다.

중국 한족의 민가는 주로 두 가지 형식을 띤다. 즉 원락식 민가와 천정식天井式 민가다. 베이징의 원락식 민가는 베이징 사합원의 수준이 가장 높다. 베이징 사합원은 친근하고 고요하고 일상의 분위기가 농후하며, 정원은 네모반듯하면서도 크기가 적당하여 중국 전통 민가를 대표하는 우수한 건축 형태다. 그것이 표현하는 안으로 응집하는 분위기 또한 중국 대다수 민가의 성격을 반영하고 있다. 대외적으로는 봉쇄적이면서도 안으로는 열려있는 구조는 두 가지 모순된 심리와 지혜를 융화하고 있다. 한편으로 그것은 자급자족적 봉건 가정이 외부 세계와 모종의 단절을 유지함으로써 자연과 사회의 예측불

가능성을 피하고 생활의 안녕과 비밀을 보호하려는 데서 비롯됐다. 다른 한편으로 그것은 농업생산 방식에서 유래한 심리로, 자연과 가까이 하려 하고 집안에서 시시각각 하늘과 땅, 화초와 나무를 감상하고자 하는 중국인의 성격을 반영한다.

베이징의 사합원의 뜰은 일반적으로 내외원內外院으로 이루어져 있다. 외원은 횡으로 길고, 주택의 문은 중심축선 상이 아니라 전방 좌측 구석에 있어 민가의 사생활을 보호하고 공간의 변화를 증가시키는 데 유리하다. 대문을 지나면 벽돌로 만든 문병門屛이 있고, 여기서 서쪽으로 돌아 외원으로 진입한다. 외원에는 손님을 위한 방과 남자 하인의 방, 주방, 화장실이 있다. 외원에서 북쪽의 화려한 수화문垂花門을 지나면 네모반듯한 내원으로, 이곳이 전체 주택의 중심이 되는 뜰이다. 북쪽의 정방正房은 '당堂'이라 부르며, 규모가 가장 크다. 이곳은 '천지군친사天地君親師(하늘, 땅, 임금, 부모, 스승)'에게 봉안한 위패가 있어 예식을 치르고, 귀한 손님을 접대하는 곳이다. 정방 좌우에는 집안 어른이 사용하는 이방耳房이 있다. 이방 앞에는 조그마한 각원角院이 있는데, 매우 조용하여 통상 서재로 사용된다. 중앙 뜰 양쪽에는 각각 상방廂房(곁채)이 있어 연배가 낮은 이들이 사용한다. 정방, 상방은 뜰 쪽으로 복도가 나있으며, 수화문과 각 방에 딸린 복도는 모두 연결돼 있다. 또 복도 가에는 앉을 수 있는 난간이 있어, 난간을 따라 걷거나 난간에 앉아 뜰 안의 꽃이나 나무를 관상할 수도 있다. 정방 뒤에는 때때로 기다란 '후조방後照房'이 있어 거실이나 그 밖의 용도로 사용한다.

남방의 원락식 민가는 하나 혹은 여러 원락으로 이뤄져 있는데, 각 지역마다 양식이 다르다. 예를 들어 저장浙江 둥양東陽과 그 인근 지역의 '십삼간두十三間頭' 민가는 통상 정방 3간과 좌우 상방 각 5간으

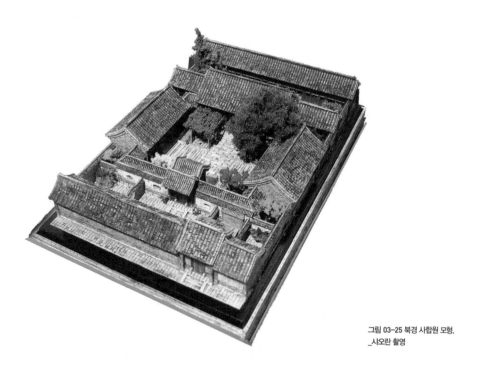

그림 03-25 북경 사합원 모형.
_샤오란 촬영

로 이루어진 삼합원이다. 건물 상부에는 이중 지붕을 얹었고, 지붕
양 끝에는 '마두산장馬頭山墻'이 우뚝 솟아 있다. 뜰 앞 담장 정 중앙에
문을 냈고, 좌우 회랑에도 뜰 밖으로 통하는 문이 있다. 이러한 배치
는 매우 규칙적이고 간단하고 명확하며, 널찍하게 트여 있어 포용력
이 있고 광명정대한 느낌을 준다.

남방의 대형 원락식 민가의 전형적 구조는 좌중우 세 개의 길로
나누어지는데, 이중 중로가 중심이 된다. 중로는 다진원락多進院落, 베이징
사합원의 경우, 1개의 정방과 마주보는 상방, 1개의 뜰로 이루어진 원락을 1진원락이라 한다. 다진원락은
그와 같은 원락이 여러 개가 이어진 대형 원락을 의미으로 이루진다. 다진원락의 좌우
에는 중로를 앞에 두고 서로 마주보는 종렬 건물이 엄격히 대칭을 이
룬다. 가옥 안에 있는 작은 정원은 미석美石과 꽃들로 장식한다. 정원

그림 03-26
남방 삼합원 민가, 저장 둥양 옙택葉宅.
출처 『저장민가浙江民居』

그림 03-27
남방 대형 원락식 민가,
저장 둥양 사오 일가의 주택.
_샤오모 촬영

그림 03-28
후난湖南 헝양衡陽 샤오朱씨 사당.
_샤오모 그림

그림 03-29
안후이安徽 이현黟縣 훙춘宏村의
월소月沼.

깊숙이 가랑비가 흩날리고 가지런한 꽃들 사이로 맑은 바람이 불면
고아한 격조가 풍겨난다. 저장성 둥양의 사오邵 일가의 가택은 비교적
전형적인 예다. 때때로 대형 민가는 사당으로 개조되기도 한다.

  남방에서 유행하는 천정天井 민가의 '천정' 역시 작은 원락을 말한
다. 남방은 무덥고 비가 잦으며 날이 습하다. 또한 산지 구릉이 많으
며 인구 밀도가 높다. 따라서 민가들은 일조와 통풍을 중시하고 화
재를 주의하면서도 건물들을 빽빽하게 배치한다. 따라서 일반 중하
층 가정들은 천정식을 사용한다. 천정의 네 면 또는 좌우후左右後 삼
면은 건물로 둘러싸 햇빛이 비교적 적게 유입된다. 좁고 높은 천정은
또한 바람을 제거하는 역할을 한다. 정방, 즉 당옥堂屋은 천정을 향해
완전히 개방돼 있어 하늘이나 태양을 볼 수 있다. 각 건물은 모두 천
정 쪽으로 배수하기 때문에, 풍수지리에서는 이를 '사수귀당四水歸堂'
이라 하여 재물을 밖으로 흐르게 하지 않는다는 뜻을 함축했다. 주
변에는 보통 마두산장을 세워 화기火氣의 만연을 방지했다. 마두산장

은 지붕보다 높으며, 그 윤곽은 계단 모양으로 무척 변화무쌍하다. 벽에는 흰 횟가루를 발랐고 벽 머리에는 청기와를 덮은 지붕을 씌워 명랑하면서도 우아한 느낌을 줬다. 지나친 장식을 배제하고 대문과 같은 중심 건물에 약간의 처리를 가했다.

이렇듯 외부 공간의 창작을 감상의 각도에서 볼 수 있다면, 중국 건축미의 발견에 도움이 될 것이다.

4장

서양과 이슬람 건축
외부 공간의
제한적 성과

앞의 두 개의 장에서 우리는 놀랍게도 '건축'이 단지 하나하나의 '건물'(그 외부 형체와 주위 결구들에 포위된 내부 공간)만을 의미하지 않는다는 것을 발견했다. 건축을 감상하기 위해서는 건물 개체 이외에도 개체가 둘러싼, 성격과 분위기가 제각각인 외부 공간을 중시해야 한다. 흥미로운 것은, 서구와 이슬람 건축은 거대하고 풍부한 형태와 내부 공간을 창조했다는 점에서 우월하지만, 외부 공간의 창조 면에서는 중국 건축이 세계에서 가장 우수하다는 점이다.

물론 뒤의 평가는 아직 좀 이른 감이 있다. 왜냐하면 우리는 아직 서구와 이슬람 건축의 외부 공간에 관해 살펴보지 않았기 때문이다. 아래에서 우리는 그것들을 살펴보고, 신이 공평하여 우열을 공존케 함으로써 외부 공간의 창조 면에서는 중국 건축이 상대적으로 다른 나라의 건축보다 낫다는 사실을 알게 될 것이다.

1 / 서양 건축의 외부 공간

먼저 서양 역사에서 유명한 몇 개의 건축군을 감상해보자. 아테네의 아크로폴리스(기원전 5세기 중엽)는 서양 건축사에서 언급할 만한 가치가 가장 큰 건축군일 것이다.

'아크로폴리스'는 성안 특정 높은 장소에 세운 작은 보루다. 그리스 문화보다 앞선 에게의 크레타와 미케네 문명은 군왕과 그 가족이 평민의 권위를 능가하여, 평민은 그들을 경외할 수 있을 뿐 그들에게 가까이 다가갈 수 없었다. 아크로폴리스의 형상은 봉쇄와 삼엄이다. 그러나 민주 정체를 실행한 아테네에서 아크로폴리스는 두려움을 느끼게 하는 장소가 아니라 공공장소였다. 여기에는 모든 사람이 향유할 수 있는 신전이 있어, 제신祭神의 절기가 오면 춤, 연주, 시 낭송, 정견 발표, 변증, 고담준론 등을 포함한 각종 활동이 이곳에서 이뤄졌다. 건물은 모두 아크로폴리스 바깥쪽에 배치돼 아테네 전역의 중

그림 04–01
아테네 아크로폴리스 복원도.
출처 『세계건축경전도감』

심 건물로서 부각됐고, 전체적인 형상은 활달하면서도 변화가 풍부
했다. 건축물은 매우 세심한 설계를 거쳤는데, 특히 '초월할 수 없는
모범'으로 불린, 완벽한 조형미를 자랑하는 파르테논 신전이 그러했
다. 그러나 그 외부 공간 창조에 대해 말하자면, 아크로폴리스와 그
에 대한 찬사에 비해 크게 못 미쳤다.

아크로폴리스는 동서로 긴 타원형을 이룬다. 입구는 서쪽에 있고,
입구 동쪽의 광장에는 거대한 아테네 조각상이 우뚝 서 있다. 조각
상의 남쪽은 방대한 규모의 파르테논 신전이 있고, 북쪽에는 규모가
작은 에레크테우스 신전이 있다. 입구 양쪽의 미술 진열실과 넓은 홀
이 'ㄷ'자형 평면을 이루어 입구의 기세를 강화했지만, 외부 공간에
대해서는 언급할 만한 것이 없다. 몇 개의 건물 사이에서 그것들 사
이의 유기적 관계를 찾기란 곤란하다. 그것들은 무질서하고 체계 없
이 흐트러져 있다.

12세기부터 세워지기 시작한 모스크바는 15세기 중엽에 통일 러

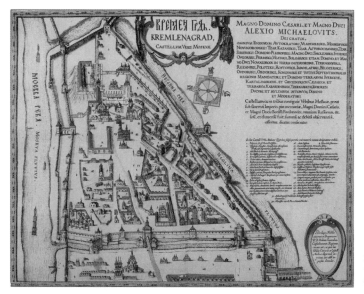

시아의 수도였다. 크렘린궁은 모스크바 중심에 있다. 남쪽으로는 모스크바 강이 흘러 부등변삼각형을 이루는데, 면적은 28헥타르이고, 삼면은 두꺼운 붉은색 벽과 해자가 흐르며, 크고 작은 탑의 개수는 스무 개에 이른다. 건축군에 속해 있는 개체 건물의 조형은 풍부한 특색을 지니고 있다. 예를 들어 궁에서 가까운 바실리 성당, 스파스카야 종탑, 궁 안의 80미터 높이의 이반 종탑, 우스펜스키 성당 등 동방정교회 성당 등은 러시아의 중요 건축물이다. 그러나 전체적으로 보면 각 건축물 개체로 둘러싸여 이루어지는 건축 외부 공간은 무질서하기 그지없다. 각 건축물은 서로 다른 시대에 지어졌지만 사전에 전체 계획을 수립하지 않아, 중국 건축군에서 특히 강조하는 기복, 기승전결, 호응과 조화 등은 여기서 논할 수가 없다.

고딕 건축에서 르네상스에 이르기까지, 서구인들은 외부 공간을 중요하게 생각하지 않았다. 고딕 시기의 유명 건축물인 노트르담 성

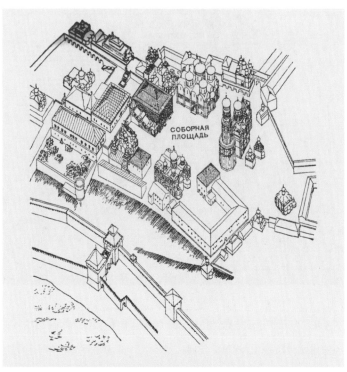

그림 04-03 크렘린궁 내의 성당군.
출처 『외국건축사참고도집』

그림 04-04
모스크바의 붉은 광장.(유화, 1801)
출처 『러시아예술』

당, 쾰른 대성당, 그리고 르네상스 시기 피렌체의 성모마리아 대성당 등 유명 건축물 또한 건물 이외의 공간이 매우 협소하여, 도시의 틈새를 비집고 들어와 있다고 말할 수 있을 정도다.

결론적으로 말하면, 오랜 시간 서구인들은 건축을 건물 개체로만 인식했고, 건축 창작의 과정에서 외부 공간의 문제를 홀시했다.

아마도 르네상스 전성기의 로마 성 베드로 성당은 서구인들에게 외부 공간의 중요성을 일깨운 계기가 된 듯하다. 완공까지 120년이 소요된 성 베드로 대성당(1506~1626)은 몇 대에 걸쳐 천재 장인들(그 가운데에는 사람들이 '거인'이라 부르는 미켈란젤로도 있었다)의 노력이 응집된 빛나는 결정체였다. 성당 건축은 드라마틱한 요소들을 지니고 있었다. 처음에는 네 방향으로 길이가 같은 그리스식 십자가의 집중식 평면이었다가, 전방에 기다란 홀을 둔 라틴식 십자가 모양의 평면으로 바뀌었다. 나중에 몇 차례 반복을 거쳐 미켈란젤로는 시대 분위기를 반영하여 홀을 없앤 집중식 평면을 회복시켰고, 궁륭을 보다 웅장하게 수정했다. 그리고 그 뒤에 다른 건축사가 참여하여 이를 완성시켰다. 그러나 17세기 초 종교적 반동의 흐름 속에서 성당 전면에 재차 커다란 홀을 추가하기에 이르렀다. 그 목적은 더 많은 신도를 수용하고 궁륭 아래에서 성단聖壇을 이끄는 효과를 통해 성단에 신성한 느낌을 주고 더 많은 종교적 의식을 나타내는 데 있었다. 현재 우리가 볼 수 있는 것은 그로부터 훼손된 형상이다. 성 베드로 성당이 이렇듯 이리저리 개조된 것은 몇 대에 걸쳐 교황들의 서로 다른 사상이 반영된 결과였다. 어떤 이는 불후의 기념성을 강조했고, 어떤 이는 종교적 신성성을 강조했다. 안타까운 것은 궁륭이 홀에 의해 심각하게 가려져, 성당 쪽으로 걸어갈수록 궁륭이 완전히 보이지 않아 형상의 완정성이 훼손되고 말았다는 점이다.

그림 04-05 궁륭이 심각하게
가려진 성 베드로 성당의 정면.

이런 원인 때문에 외부 공간을 홀시한 오류가 비로소 발견됐다. 17세기 중엽, 베르니니는 성당 앞에 기둥 회랑으로 둘러싸인 광장을 추가로 건설했다. 궁륭의 모습이 한껏 드러날 수 있도록 광장을 세로로 길게 늘림으로써, 관객들이 멀리서부터 성당으로 접근하는 시간을 연장시켰다. 전체 광장은 종으로는 계단 형태고 횡으로는 타원형인 두 개의 광장으로 이루어져 있어, 지면은 성당에서부터 밖으로 가면서 점차 낮아진다. 광장 안에는 세심하게 만들어진 방첨탑과 분수가 있으며, 광장의 광활함은 사람들의 경탄을 자아낸다. 광장은 기둥 회랑이 에워싸고 있으며 규모가 대단히 커서 성당과 매우 잘 어울린다. 독일의 위대한 시인 괴테는 성 베드로 성당의 회랑을 산책하는 것이 마치 아름다운 음악을 듣는 것 같다며 찬사한 바 있다.

이후 서구인들은 건물 외부 공간의 창조를 중시하기 시작했다. 그러나 대부분은 루브르 궁전과 같은 대형 건축군에서만 외부 공간이 마련됐다.

　루브르궁은 파리시 중심의 센 강 북안에 위치해 있으며, 1543년에 건축을 시작하여 1665년 대대적으로 개조됐다. 궁전 전체는 동편과 서편이 면해 있고, 서쪽을 향해 길다랗고 오목한 형태다. 먼저 세워진 것은 동편 건물로, 원래 있던 작은 성 위에 비교적 커다란 사각형 건물을 구축했다. 그리고 그 서편으로는 남북 양쪽에 각각 크기가 서로 다른 세 개의 작은 건물을 세웠고, 마지막으로 서쪽을 향해 남북이 이어지는 긴 건물이 있다. 광장은 '요凹'자형이며 약간 밖으로

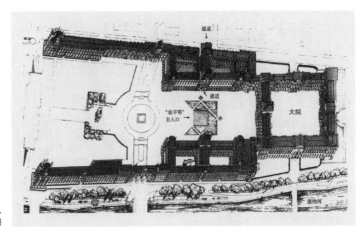

뻗어 있다. 전체 건물의 완성 시기는 19세기 말이다. 요자형 광장은 이후 나폴레옹 광장이라 불렸다.

전체 궁전은 3층으로, 지붕은 양쪽으로 경사가 있으며, 각 건물의 중앙, 꺾이는 부분, 끝 부분은 4층으로 돌출돼 있다. 상부에는 사각 뿔 모양의 지붕 또는 프랑스적 색채를 강하게 띠는 사각형 궁륭이 얹혀 있다. 입면 조형 또한 바로크와 민간 건축의 영향으로, 다소 잡다하며 근사한 느낌이 그리 들지 않는다.

루브르궁은 더 이상 독립된 건물이 아니다. 그것은 건축군의 조합을 통해 각 건물을 크고 작은 사각형 건축이나 서쪽의 요자형 건축으로 조성했고, 그 외부 공간을 도시 가운데 융화시켰다. 이는 설계사들이 건축의 외부 공간을 의식적으로 창조했음을 보여준다.

이후 루브르궁 요자형 광장 서편으로 카루셀 개선문을, 개선문 서쪽은 튈르리 궁전(1871년 파리코뮌 당시 소실)을 세웠다. 또한 루브르궁의 중앙 축선을 연하여 콩코르드 광장이, 좀 더 서쪽에는 나폴레옹 시기에 지은 에투알 개선문이 있다. 루브르궁 중앙 축선은 도시 축선

그림 04-08
루브르궁 나폴레옹 광장 남쪽.
출처 「서방건축명작」

그림 04-09 파리의 에투알 개선문.

의 일부분으로, 루브르궁과 도시의 연계성을 한층 두드러지게 해준다.

콩코르드 광장은 루브르궁 서쪽 엘리세 대로라 불리는 큰길 (1755~1763) 위에 있다. 모양은 남북으로 긴 장방형이고 4면에는 건물이 없이 수로만 있으며, 수로 북쪽에 비로소 건물이 있다. 광장 중앙에는 원래 루이 15세의 기마상이 우뚝 솟아 있었고 남북으로 하나씩 분수가 있었다. 이것들이 형성한 남북 축선은 북쪽으로 후와얄르 거리로 통하여 당시 건설하고 있던 그리스식의 마들렌 성당까지 이어졌고 남쪽으로는 센 강의 대교로 이어졌다. 프랑스 대혁명 당시, 동상은 나폴레옹이 이집트 룩소르에서 가져온 방첨비로 대체됐다. 광장은 네 주변에 여덟 개의 조상을 배치했다. 각각은 프랑스 역사에서 가장 중요한 역할을 한 여덟 개의 도시를 상징한다. 또한 대혁명 당시 공격을 당해 철거된 바스티유 감옥의 남은 돌들은 광장과 다리 위에 깔아 모든 사람이 밟고 다닐 수 있도록 했다.

파리의 도시 축선은 건축 외부 공간 창조에 대한 자각을 보여줬다. 그러나 중국 베이징 궁전의 외부 공간이 베이징성과 혼연일체가 돼 있는 점에 비하면(이 점에 대해서는 나중에 전문적으로 논의하자) 상대적으로 파리는 매우 초보적으로 보인다. 각 중요 요소 사이에 외관, 규모, 체형이나 기능, 분위기 등의 유기성, 논리성을 찾아볼 수 없으며, 의식적인 사전 계획이 없는 우연성을 분명하게 드러낸다.

파리 베르사유 궁전(1667년 착공)은 파리 서쪽 근교 20킬로미터 지점에 위치해 있다. 루이 13세 시절에 사냥궁으로 쓰인 이 궁전은 루이 14세 때 확장공사를 거쳤다. 전체 궁전은 벽돌로 지었고 평면은 요자형이며 서쪽에서 동쪽의 파리를 바라보는 형태다. 개축 시 원래의 건물을 그대로 둔 채 벽면에 대리석을 붙였고, 남쪽, 서쪽, 북쪽 각 건물의 뒷면에도 대리석을 두른 방을 지었다. 또한 남북으로 건물을 연장하여, 궁전 전체는 남북 길이가 400여 미터에 이르게 됐다. 동시에 동쪽으로 향하는 요자형 광장의 길이를 늘이고, 세 개의 방사형 대로를 건설하여 각각 시가지와 두 개의 별궁으로 이어지도록 했다. 중앙의 대로와 베르사유 궁전(궁전 뒤의 거대 정원을 포함하여)의 중앙 축선은 서로 합쳐진다.

건축물은 규모가 어마어마하고 평면이 길다. 또한 중앙의 요철凹凸 형태는 운치가 있다. 건설 시기가 비교적 이르지만, 그 외부 공간을 보면 축선이 동쪽의 도시로 통하고 서쪽의 거대 정원과 연결되어 있다는 점 말고는 중국과 비교할 때 여전히 상당한 수준 차이가 있다.

프랑스에서 궁전의 흥성은 성당의 지위를 대체했다. 이는 왕권주의가 점차 신권주의를 대체하는 문화적 흐름을 보여준다. 루이 14세는 "짐이 곧 국가"라고 선언했다. 그의 신하는 그에게 다음과 같이 적은 글을 올렸다. "폐하께서 아시듯이, 혁혁한 무공 외에 건축이야말로 군왕의 위대함과 기개를 가장 잘 표현합니다." 궁전 건축은 프랑스 건축의 주류가 됐다. 수천 년간 줄곧 종교 건축을 주류로 삼은 서양 건축사에서 아름다운 풍격의 간주곡이 삽입되기 시작한 것이다.

베르사유 궁전의 정원은 서쪽으로 3000미터나 뻗어 있다. 규모가 대단히 크고, 그 풍격은 서구 원림의 대표격이라 할 만하다. 베르사유의 원림은 뒤에서 좀 더 구체적으로 설명하겠다.

그림 04-11 네덜란드 헤트로 궁전.
출처 『세계의 유명 정원』

그림 04-12
오스트리아 비엔나의 벨베데레 궁전.

베르사유 궁전은 유럽 각국의 궁전 양식에 커다란 영향을 미쳤다.
예를 들어 네덜란드의 헤트로 궁전, 비엔나 벨베데레 궁전과 쉔부른
궁전, 독일 만하임 궁전, 슈트트가르트 궁전, 뷔르츠부르크 궁전 그

그림 04-13 비엔나 쉰부른 궁전.

그림 04-14 영국의 버킹엄 궁전.

리고 러시아 상트페테르부르크 여름궁전과 겨울궁전, 예카테리나 궁
전 등이다. 이러한 궁전과 베르샤유 궁전은 모두 긴 건물이 있고 안
팎이 요철형이며, 전면에 광장이, 후면에 거대 정원이 있다. 보다 많
은 외부 공간이 있음은 두말 할 나위도 없다.

이후 미국의 워싱턴, 호주의 캔버라의 설계와 건축에도 베르사유
궁전의 특징이 반영됐다. 1776년 미국이 독립하면서 미국인들은 국

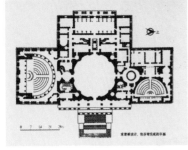

그림 04-15 워싱턴의 예전 국회의사당. 출처 「서방건축명작」

가의 독립, 민주, 자유와 영광을 표현했을 뿐 아니라, 유럽의 고전 형식을 빌려 자신들의 선천적인 문화적 결핍을 메우려 했다. 당시 미국인과 프랑스인 사이에는 은원 관계가 없었다. 심지어 미국의 독립전쟁 중 프랑스인들은 줄곧 미국을 지지했고, 자유의 여신상을 보내주기도 했다. 더욱이 국가의 영광스런 형상을 수립하기 위해 로마의 부흥은 무척 어울려 보였다. 그리하여 미국식 고전 부흥은 주로 로마 부흥을 따랐지만 그리스 부흥도 수용했다. 미국 국회의사당은 로마 부흥의 대표적인 예다.

국회의사당은 수도 워싱턴 시 중심, '캐피털 힐'이라 불리는 약간 높은 비탈 지역에 동서 종축선 방향으로 건설됐다. 1792년 초 세워진 국회의사당은 르네상스식으로, 중앙의 원형 건물 위에는 로마의 만신전처럼 돔이 너무 높지도 크지도 않고 평평하며, 차갑고 무거운 모습으로 씌워져 있다. 1812년 미영전쟁 중 파괴된 후 19세기 중엽 재건됐다. 재건 후에는 규모를 확대했지만 원래의 원형 건물은 유지했고, 돔은 프랑스 고전주의 시기의 파리 만신전을 모방했다. 또한 드럼은 2층으로 쌓았는데, 아래층은 열주列柱로 둘러싼 회랑이고 윗층은 크기와 높이를 줄이는 한편 벽기둥을 사용했다. 풍만한 돔을 우뚝하게 세움으로써 건물 전체 구도의 중심을 형성했다. 돔 내부의 직경은 30미터고, 2층의 드럼과 채광탑을 합치면 높이가 65미터며, 건물 전체의 높이는 약 100미터에 달하여 대단히 웅장하다. 돔 아래에 증축한 홀과 문랑은 돔과 지면을 연결하여 전체 돔의 조형에 안정감을 더했다. 중의원과 참의원은 중앙의 원형 홀 좌우에 두었다. 또한 이전 국회

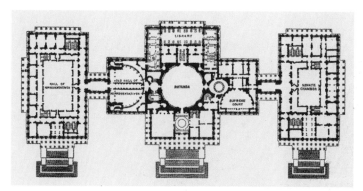

그림 04-18 미 국회의사당 서쪽의 조감도. 출처 「서방건축명작」   그림 04-19 워싱턴 기념비.

의사당의 기초 위에 양쪽에 앞뒤로 돌출된 건물을 증축하여 사무실로 활용했다. 정면은 총 다섯 마디로 구성되어 돔의 지위를 더욱 부각시켰다. 증축된 건물의 정면은 더 많은 요철식 진퇴의 변화가 필요했기 때문에, 다섯 마디로 구분한 것은 적절했다.

국회의사당에서 서쪽 방향으로 그 유명한 길이 3킬로미터가 넘는 내셔널몰이 있다. 워싱턴 기념비(1880)는 내셔널 몰 중간에 높이 169미터로 솟아 있으며, 방첨비의 형상을 띠고, 흰 색 대리석을 사용했다. 탑의 꼭대기에 있는 전망대까지 엘리베이터로 올라갈 수 있다. 규정에 따라 워싱턴의 모든 건물의 높이는 이 기념비를 초월할 수 없도록 제한돼 있다.

서쪽으로 더 이동하면 연못이 보이고, 그 끝에 링컨 기념관(1922)이 보습을 드러낸다. 링컨 기념관 건축 당시 유럽은 이미 모더니즘 건축

이 유행했지만, 기념관의 성격을 고려하여 그리스 부흥의 풍격을 차용했다. 또한 장방형의 긴 쪽을 정면으로 삼아 수직으로 높은 워싱턴 기념비의 배경과 대비를 이루도록 했다. 지붕은 평평하고 페디먼트가 없으며 간결하여 기념성을 강하게 띤다. 또한 신전처럼 장중하고 엄숙하여 미국이 숭상하는 평등의 정신을 상징한다. 건물 안에는 5.8미터 높이의 링컨 상 외에 다른 사물이 없다.

워싱턴 기념비와 국회의사당 사이의 내셔널몰 양측에는 각종 박물관이 서있다. 북쪽에는 대통령이 거주하는 백악관이 있다. 워싱턴 기념비의 남쪽에는 연못을 사이에 두고 제프슨 기념관이 있다. 기타 수뇌기관들도 모두 이 구역 근처에 있어, 미국에서 가장 중요한 건축군을 형성하고 있다.

링컨 기념관과 제프슨 기념관은 20세기에 지어졌지만 건축군 속의 개체 건물로서 건축군과 유기적인 조화를 이루고 있다. 결론적으

로 백악관 건축군만이 중국 건축의 외부 공간에 비견할 만한 자격을
지니고 있다고 말할 수 있다.

2

이슬람 건축의 외부 공간

이슬람교는 아랍인 마호메트가 서기 630년에 설립한 종교로, 마호메트가 승리를 거둔 뒤 이슬람교가 전파됨에 따라 이슬람 건축 또한 체제를 갖추기 시작했다.

사실 이슬람 건축과 중국 건축은 큰 공통점이 있다. 그것들은 모두 원락식 군체 조합의 방식을 차용했다. 이슬람의 원락은 이슬람 지역, 그중에서도 특히 초기 이슬람교가 정착했던 북아프리카, 중동, 근동 등지의 기후와 대단히 밀접한 연관성을 지닌다. 사막, 무더위, 열풍 등으로 인해 사람들은 스스로를 자연과 분리시켜야 했으며, 물이 매우 귀해 사원 내부에는 반드시 보호를 위해 벽을 두른 중앙 연못이 있었다. 요컨대 이슬람 건축은 사용 기능이 많이 고려됐다. 중국의 원락은 대자연과 적당히 구분되어 있다는 것 외에, 존비尊卑의 계층과 내외內外의 차별 등 종법제도와 매우 깊이 연관돼 있다. 즉 중국의 원락은 사회 인문의 요소와 밀접하게 상관이 있다. 원락을 둠으로써 외부 공간이라는 과제도 생겨났다.

이상하게 들릴지 모르지만, 이후의 스타일에 영향을 미친 최초의 이슬람 사원은 기독교 성당을 개축한 것이었다. 시리아 다마스쿠스 성 요한 성당이 세워진 지 수십 년 뒤, 이슬람교도들이 이 지역에 들어오면서 건물은 기독교도와 이슬람교도가 공동으로 사용했다. 그리고 서기 706년 칼리파는 건물을 이슬람 전용 사원으로 바꾸기로 결정했다. 사원은 원래 성당의 면모를 대부분 유지했다. 그러나 원래 성당이 서향西向의 짧은 면을 정면으로 삼고 제단을 동쪽 끝에 설치했던 데 반해, 이슬람 사원은 남향으로 사용됐고 북쪽에 좁고 긴 정원을 조성했다. 왜냐하면 이슬람교도들은 남쪽에 위치한 성지 메카를 바라보며 예배를 올려야 했기 때문이다. 새로 조성한 정원의 삼면은 회랑으로 둘러싸여 있고, 중앙에는 대리석 연못이 있다. 축선은 남북방향으로 조정됐다. 이슬람교도들은 북쪽 정원에서 홀을 거쳐 중앙으로 진입한 후 남쪽을 향하는 예배실에서 예배를 드렸다. 예배실 앞 축선에는 비잔티움식의 돔을 올렸고, 원락의 북쪽 벽 중앙과 남쪽 벽 구석에 세 개의 미나레트를 세웠다. 그 후 이 건축물은 이슬람 사원의 모범이 됐지만, 더 많은 신도를 수용하기 위해 본디 정원의 긴 변에 설치한 대예배소를 짧은 변 쪽으로 옮겼다.

사마라 대사원(836)은 이라크 사마라시(메카 북쪽)에 소재하며, 다마스쿠스 사원이 확립한 형태에서 원락의 방향을 변경했다. 남북의 길이는 260미터고 동서의 길이는 160미터로, 네 변은 탁 트인 전당을 둘러싸고 있다. 동서 전당의 깊이는 4칸이고 남북은 3칸이며, 남쪽에는 9칸으로 된 예배소가 있다. 또한 북쪽 정문과 마주보는 위치에 있는 나선형 미나레트는 극적인 요소가 대단히 풍부하다.

　이집트 카이로에 소재한 이븐 투룬 사원(871)은 이집트에 현존하는 가장 오래된 사원이다. 사마라 사원의 배치와 거의 같지만, 뜰 중앙에 밑은 네모지고 위는 둥근 샘탑이 있는 것이 특징이다. 이는 이슬람 사원들이 지녔던 지나치게 우울하고 단조로운 분위기를 타파했다. 안뜰은 가로세로 90미터의 정방형이며, 2칸 깊이의 첨형 아치

그림 04-23 이라크 사마라의 거대한 탑.

회랑으로 둘러싸여 있다. 남쪽의 예배당은 깊이가 5칸이다.

에스파한의 자메 모스크(1088)는 이란 풍격의 정통 이슬람 건축을 대표한다. 그것은 바그다드 아바스 왕조 궁전(1179), 바그다드 무스탄시리야대(1233) 등 유명 건축물들과 풍격상 모두 한 울타리 안에 있다. 원락은 2층 높이의 첨형 아치 회랑으로 둘러싸였고, 가로세로 틀로 구성된 크고 작은 격자식 공간 안에는 첨형아치와 감실이 있다. 또한 벽면 위에는 부조가 빽빽하게 새겨져 있고, 아치 내부에는 젖가슴 모양의 장식이 있어 엄숙하고 장중하며 세밀하면서도 약간의 우울한 분위기를 조성한다.

주의해야 할 것은 사원 입구와 각 가장자리에 소위 '이완'이라 불

그림 04-24 이븐 투룬 사원.
출처 「세계불후건축대도전」

그림 04-25 에스파한의 자메 모스크 사원의 대전 입구.
출처 『이슬람예술』

그림 04-26 바그다드 아바스 왕궁.
출처 『이슬람예술』

그림 04-27
바그다드 무스탄시리야대.
출처 『세계불후건축대도전』

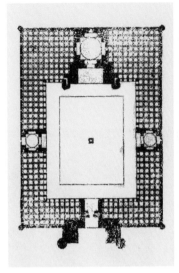

그림 04-28 사마르칸트 비비하눔 모스크의 평면도. 출처 『외국건축사』

그림 04-29 이스탄불 옛 황궁이 소장하고 있는 사원 모형.

리는 문루, 즉 네모난 벽 중앙의 커다란 아치문이 있고, 그 양 옆에 탑 모양의 건축물로 꾸민 구도 방식을 활용했다는 점이다. 이는 기원전 3세기 페르시아 동북부에 살던 파티아인들이 창조한 것으로, 본래 이슬람 건축과는 무관했지만 후에 이란 풍격의 이슬람 건축에서 중요한 특징이 됐다. 사마르칸트 비비하눔 모스크(1399~1404)와 현재 이스탄불 옛 황궁에서 소장하고 있는 건축 모형(이 모형은 14세기 셀주크인이 소아시아에 들어온 후 지은 사원을 본뜬 것이다.) 역시 그와 같은 형태다. 종합하면, 이슬람 건축군의 외부 공간은 단 하나의 사각형 원락을 지녔다는 점에서 여전히 단순하고 초보적이다.

　인도의 타지마할은 반드시 중요하게 다뤄져야 할 건축물이다. 그 성취는 건물의 형체뿐만 아니라 외부 공간의 유기적 구성에 있어서도 주목할 만하다. 타지마할은 자무나 강 남쪽에 자리하며 북쪽에서 남쪽을 바라보는 형태를 띤다. 건물은 장방형으로 동서로 290미터, 남 북으로는 580미터에 이르며, 비교적 작은 장방형 화원과 커다란 정방 형 화원이 중앙 축선을 두고 대칭된다. 화원은 전형적인 이슬람 원림 으로 십자형 수로가 설치되어 있다. 수로의 교차점에는 사각형의 연 못이 있고 연못 안에는 분수가 있다. 그 밖의 지면에는 격자 모양의 소로들과 잔디밭, 관목 등이 있다. 능묘의 주 건물은 세로 축선 끝에 있는데, 그 아래는 가로세로 96미터의 정방형에 높이는 5.5미터인 흰 대리석 기반이고 네 꼭짓점 부분에는 가늘고 긴 높이 40미터의 원주 형 미나레트를 세웠다. 그리고 미나레트 위에는 궁륭으로 된 작은 정 자가 있다. 주 건물인 묘당의 평면은 꼭짓점이 잘려나간 사각형으로, 이를 사각형으로 간주할 경우 한 변의 길이가 58미터에 달한다. 묘당 의 네 방향은 모두 같은 모양이다. 정면에는 커다란 아치형 감실이 있 고 좌우와 사각형의 잘린 부분에는 위아래 2층으로 된 뾰족한 아치 형 감실이 있다. 묘당 지붕에는 내궁륭內穹窿이 있으며, 다시 그 위에는 풍만하고 아름다운 회랑과 알뿌리 모양의 외궁륭外穹窿이 있다. 돔 꼭 대기에서 기반까지의 높이는 65미터다. 묘당과 네 개의 탑은 재질이나 색깔, 처리 방식 등에서 서로 호응하며, 크기에 있어 서로 대비를 이룬 다. 이렇듯 건물은 조형에 있어 호응과 대비를 이루고 변화 속에서 통 일을 형성함으로써 높은 수준의 조화로움을 달성한다.

　묘당의 조형과 전체 능의 외부 공간은 간단한 비례를 통한 구도 방 식을 운용함으로써 정확한 기하학적 아름다움을 추구했다. 예를 들 어 앞뜰의 평면은 횡으로 조합된 두 개의 정방형 공간이고, 중앙 뜰 의 화원 역시 정방형이며, 수로에 의해 구획되는 '전田'자 모양의 격 자 또한 정방형으로, 이것들은 두 개의 앞뜰 정방형 공간과 크기가 같다. 그리고 중앙뜰의 면적은 앞뜰의 정확히 두 배다. 묘당의 기반

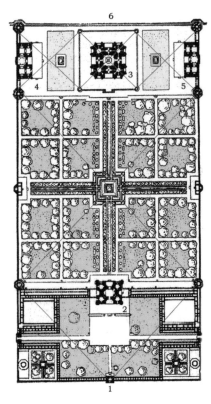

1_ 남문 2_ 2문 3_ 묘당
4_ 부속 모스크 5_ 영빈관 6_ 아무나 강

그림 04-30 타지마할의 평면도.

평면 또한 정방형이며, 그 너비는 능원 전체 너비의 3분의 1이다. 묘당 각 면에 서 있는 두 개의 탑과 건물 기반석이 둘러싼 도형은 두 개의 정방형에 가깝다. 또한 묘당 정중앙 커다란 아치형 감실을 지닌 벽의 높이는 대략 잘려나간 꼭짓점을 포함한 사각형 묘당 너비의 절반이며, 중앙 감실벽 양쪽 감실 벽의 높이는 대략 묘당의 각 꼭짓점을 잘라냈을 때 너비의 절반이다. 이와 같은 1:1, 2:1, 3:1 등의 간단한 비례는 전체 건물군에 고도의 유기적 성격을 명확하게 부여했다. 더욱이, 중앙 돔 꼭대기에서 건물 기반의 네 꼭짓점을 연결한 선이 이루는 사각뿔은 피라미드의 정사각뿔처럼 각 모서리의 길이가 모두 같다. 그리고 묘당 문의 높이는 너비의 1.5배다. 이러한 비례는 동시대 다른 건축물의 문이나 창문에서도 종종 볼 수 있다. 예컨대 시칸드라의 경우가 그러하다.

고대 그리스 시대부터 미학자들은 다음과 같이 인식했다. 가장 간단하고 긍정적이며 사람들이 쉬이 식별할 수 있는 형태인 정방형, 정삼각형, 원형, 구체, 정입방체, 정삼각뿔, 정사각뿔 등은 사람들에게 안정적이고 깊은 인상을 주고 기념성을 가장 풍부하게 지닌다고 말이다. 고대 이집트 피라미드 가운데 가장 큰 쿠프왕의 피라미드 역시 그러했다. 그것은 평면이 정방형이고 정방형 각 변의 길이는 약 230미터이며 높이는 146미터로, 네 개의 사면은 정삼각형에 가깝고 전체 형태는 정사각뿔에 가깝다. 따라서 그것은 매우 간단하고 안정적인 형태와 체형을 지녔다.

그림 04-31 타지마할의 2문.

그림 04-32 타지마할의 묘당.

　타지마할의 외부 공간 설계는 감상하는 이의 눈길에도 주의를 기
울였다. 예를 들어 남쪽 2문에서 묘당과 좌우 건물을 바라볼 때의 전
체 시야 폭(290미터)과 2문에서 묘당 정면까지의 거리(290미터)는 일

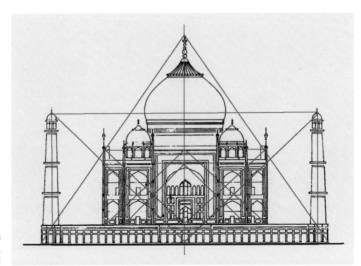

치하며, 이때의 수평 시각은 54도로 이상적인 감상 형태를 구현했다. 또한 타지마할의 중심 부근에서 묘당을 보더라도 그러한 효과를 느낄 수 있다. 그리고 기반석을 포함한 묘당의 높이가 70.5미터로 중앙에서 묘당까지의 거리인 200미터의 약 3분의 1이며, 이때의 수직 시각은 18도로, 감상에 있어 최적의 수직 각도를 구현했다. 능원陵園에서 2문을 돌아볼 때도 그와 유사한 시각적 효과가 고려됐다. 이 외에도 시각 설계에 있어 광경框景 효과를 고려하여, 2문이나 묘당 좌우 건물의 입구에서 묘당을 바라볼 때 예외 없이 감동적인 경관을 자아낸다.

보름달이 떠올라 일체의 세부 경관들이 가라앉은 타지마할은 마치 거울 속에 비친 옥구슬이나 가을 달빛 아래 비친 여인의 자태처럼 빼어난 아름다움을 자아낸다고 한다.

델리의 자마 마스지드 사원(1644)은 인도 최대의 사원이다. 높은 지면 위에 세워진 정문은 동쪽을 바라보고, 경내 사각형 광장의 한 변은 110미터이며, 그 중앙에는 사각형 우물이 설치되어 있다. 예배

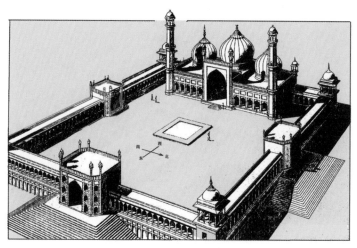

그림 04-34
델리의 자마 마스지드 사원.

당은 사각형으로 서쪽에 위치해 있고, 상부에는 중간 부분이 팽창한 첨형 돔 세 개가 세워져 있다. 그 밖의 공간은 모두 빈 회랑이다.

이슬람 사원의 외부 공간은 중국 건축물들의 풍부함과 비교할 때 매우 단순하다. 이슬람 지역의 궁전은 더 말할 나위가 없다. 과거 유목민족이었던 이들은 자신만의 건축 전통이 없으므로, 궁전과 같은 건물을 세우자면 당혹감을 느낄 수밖에 없었을 것이다.

오스만 제국 당시 이스탄불에 세워진 톱카피 궁전(1466)은 남에서 북으로 모두 세 개의 원락을 갖추었다. 규모가 가장 큰 첫 번째 원락은 커다란 초지로, 각지의 왕이나 귀족이 왔을 때 장막을 칠 수 있도록 마련됐다. 두 번째 원락은 규모가 비교적 작다. 초지 위에는 행인들이 밟고 다니면서 형성한 몇 개의 경사길이 있다. 세 번째 원락은 규모가 가장 작다. 원락으로 들어가는 문을 가리켜 하렘이라 부르는데, 술탄은 늘 이곳에서 알현식을 행했다. 문 안쪽은 내궁內宮으로 더 작은 세 개의 뜰로 이루어져 있다. 크고 작은 각각의 뜰들은 풍격이 다르고 서로 맞닿아 있지 않으며 배치가 불규칙적이다.

그림 04-35
이스탄불 톱카피 궁전의 모형.

그림 04-36
하렘에서 즉위식을 행하는 술탄.
출처 『이스탄불』

5장

사람이 지었으되
자연 그대로인 듯

—중국의 원림園林

원림은 본디 건축 예술에 있어 중요한 관심 대상 중 하나였다. 원림은 산, 물, 식물 등 자연물에 건축물을 더하여 아름답고 풍부한 경관을 조성함으로써 사람들에게 휴식 환경을 제공한다. 중국의 건축은 원림을 통해 세계문화에 특별한 공헌을 했다.

사실 원림을 비롯하여 다음 장들에서 다룰 도시나 환경은, 예술 기법에 있어 여전히 주로 형체와 외부 공간에 해당한다. 그러나 그 것들은 표현상 일반 건축물과 다르며, 동서양 문화의 자연관, 도시 관념의 차이가 형성한 특수한 상이점들을 지니므로 따로 분리하여 서술하고 인식할 필요가 있다.

1 / 중국 원림에 대한 개괄

중국에서는 일찍이 선진先秦 시기에 초기 형태의 원림이 출현했다. 이 시기 원림은 '원園' '포圃' '유囿' 등으로 불렸고, 파종, 수렵 등 생산적 의미와 신과 교통하는 기능을 가지고 있었다. 이후 관상의 의미가 강화되어 주周대에 이르면 원림은 주로 관상의 기능만을 지니게 됐고, 이러한 기능은 명·청 대까지 발전했다. 서구의 원림 관념의 기원역시 매우 오래됐다. 성경에는 인류가 최초로 에덴동산에서 생활했다고 말했고, 전설에 따르면 바빌론에 공중정원이 있었다고 한다. 현존하는 서양의 원림 유적 중 가장 오래된 것은 고대 로마 제국에서대략 2세기경에 존재했던 것이다.

세계의 원림은 중국과 서양의 양대 체계가 있으며, 양자는 멀리서서로 호응한다. 형식에서 문화적 내용에 이르기까지 그것들은 근본적으로 상이했고 풍격이나 의도에 있어서도 거리가 멀었다. 이러한 차이를 관찰하면 많은 문화적 인식을 얻을 수 있다. 간단히 말하면, 중국의 원림은 '흡사 자연과 같은' 자유로운 구도를 취했다. 반면 유럽의 원림은 기하학적인 규칙을 따랐다.

중국의 원림은 최초 한대부터 황가의 원림과 사저私邸의 원림으로 나뉘기 시작했다. 위진魏晉 시기 사회적 동란으로 삶이 고단해지자, 문인 사대부들은 은거를 꾀하여 자연으로 돌아가 산천에 마음을 기탁했고, 이에 제왕이나 부자들보다 자연에 대해 깊고 정교하게 이해했다.

『세설신어世說新語』는 유영劉伶의 대범함에 대해 다음과 같이 기록하고 있다. 어느 날 유영이 옷을 벗은 채 집 안에 앉아 있자 손님이 그에게 그 까닭을 물었다. 이에 유영은 "나는 천지를 집으로, 집을 옷으로 삼는데, 어찌 그대는 내 옷 안으로 들어왔는가?"라고 대답했다. 이러한 대답은 궤변 같고 무례해 보인다. 그러나 "천지를 집으로 삼는다"는 말은 중국인이 지녔던 자연관의 일면을 알려준다. 즉 자연을 인간 마음 안으로 끌어들여 자연과 인간이 조화를 이루면 서로 간에 마찰이 적어진다는 것이다. 자연에 대한 문인들의 애정은 문예 작품 속에도 녹아들었다. 도연명陶淵明, 사령운謝靈運의 산수시와 산수화 또한 분명 원림에 영향을 미쳤을 것이다. 사저의 원림이 지닌 성격은 이미 사인원士人園으로 전환됐는데, 그 설계 이념의 주된 성과는 사의寫意, 대상을 정교하게 묘사하지 않고 대략적인 윤곽만 반영하여, 작가의 정서나 의미를 드러내는 것을 말함 개념의 구축에 있었다. '흡사 ~와 같다'는 것은 더 이상 겉모습의 유사함을 일컫는 것이 아니라 정신의 유사함을 일컫는다. 즉 그 중점은 자연에 대한 관찰을 기초로 그것을 정련하고 개괄하여 전형화하는 것에 있다.

수당隋唐 원림은 여전히 황가 원림과 사저 원림 위주였다. 전자의 규모는 비교적 크고 건물이 화려하여 황가의 기세를 보여준다. 후자는 원림 주인의 지위나 원림이 위치한 지역(도시 혹은 시골)에 따라 서로 다른 풍격을 보여주며, 황가의 원림에 비해 고아하고 시의詩意가 있다. 당대는 사저 원림이 대대적으로 발전했다. 예술적 수준으로 말하면 사저 원림 중에서도 문인의 사인원은 어떤 면에서 이미 황가의 원림을 능가했다.

송대 사저 원림의 성격은 다음 세 가지를 주목해야 한다. 그 세 가지란 사인士人, 시의, 사의를 말한다. 소위 사인원이란, 원림을 조성한 목적이 문인 정신의 요구를 만족시키는 데 있는 원림을 의미한다. 중국 문인들은 권세 있는 귀족처럼 사치스럽지 않고, 일반 민중들처럼 감각적 즐거움에 만족을 느끼지 않는다. 그들의 심리는 복잡하고 모순적이며, 유가의 '달達하면 천하를 다스리고' '궁窮하면 홀로 자기를 수양한다'는 두 가지 측면을 관통한다. 뜻을 얻으면 전자를 따르고 앞날을 헤아리기 어려우면 후자에 의지하지만, 대개는 두 가지를 모두 겸비하기 마련이다. 사실 위진 시대에 비해 송대 문인의 지위는 이미 크게 향상되어 학문을 마치면 벼슬에 나가는 그러한 경로는 사라졌다. 또 "송나라가 망할 때까지, 왕은 문신에게 칼을 대지 않았다"는 말에서 알 수 있듯, 송대에는 잦은 살변이 일어나지 않았다. 그러나 문인 문화를 통해 표현된 문인들의 깊디깊은 공허함과 적막함은 삶에 대한 피로감과 아픔을 반영하고 있으며, 이는 문인 심리의 본질을 체현한다. 따라서 사인원은 자연히 사인의 심미적 기준에 의해 소담하면서도 우아하고, 자연스러우며, 고고하고 탈속적인 정취를 실현했다.

소위 시의원詩意園은 원림이 시의화詩意化된 방법으로 문인의 뜻과 정서를 체현한 것을 가리킨다. 예를 들어 당대 사저 원림의 명칭은 대부분 지명을 빌어 지어졌지만, 송대 원림의 명칭은 대부분 경물景物에 기대 자신의 정서를 나타내는 방식으로 지어졌다. 예를 들어 귀거래원歸去來園, 독락원獨樂園 등이 그렇다. 원림 중의 풍경 또한 주로 송국松菊, 서소舒嘯, 기오寄傲, 권비倦飛, 탐춘探春, 상유賞幽, 풍월風月, 수야秀野, 결화潔華, 소풍嘯風 등의 이름을 붙인다. 심괄沈括이 몽계원夢溪園에서 만난 '구객九客'은 금琴, 기棋, 선禪, 묵墨, 단丹, 차茶, 음吟, 담談, 주酒 등이었는데, 이것들은 뜻을 잃은 문인의 생활 정조를 보여준다. 이를 통해 우리는 원림의 주인이 추구하는 이상적이고 시의가 풍부한 생활을 일별할 수 있다.

중국은 전통적으로 시화일체詩畵一體를 추구하여, 시의원을 분석할 때 화의畵意를 논하지 않을 수 없었다. 오대북송 시기에는 산수화가 성황을 이루었다. 형호荊浩, 이성李成, 관동關소, 범관範寬, 동원董源 등을 대표로 하는 산수화가들은 전경全景의 큰 규모로 대상을 다루어, 자연에 대한 인간의 애정을 표현했다. 북송 말 휘종徽宗 시기의 화원畵院은 시의 제목으로 그림의 명칭을 정했고, 그림 속에서 모종의 주관적인 시정詩情을 나타낼 것을 요구했다. 남송에 이르러 마원馬遠, 하규夏圭 등은 전경을 그려내는 창작 경향에서 '잉수잔산剩水殘山'으로 전환했고, 이로써 시정의 표현이 더욱 두드러졌다.

원림 조성 기법은 '사의寫意' 두 글자로 표현할 수 있을 것이다. 원림에는 통상 물이 있으며, 물을 둘러 경관을 분산시킨다. "지혜로운 이는 물을 좋아한다." 고요한 수면과 아득한 기운, 천천히 불어오는 맑은 바람, 잔잔히 이는 물결, 이것들은 문인들에게 '멀리 떨어져 강호에 거하는' 상상을 불러일으킨다.

송대 원림의 토산土山 형태는 구불구불하고 육중하다. 그 중점은 전체적인 의경에 있지, 명·청 시대에 괴이한 돌을 쌓아 만든 것과 같은 자체의 형식에 편중되어 있지 않다.

원림은 원대에 상대적으로 침체됐지만, 명·청 시대에 이르러 궁극의 단계에 도달했다. 명 중엽에서 청대 강희·건륭 시기까지는 중국 원림 발전의 세 번째 고조기였다.

명·청 원림 가운데 현존하는 사례는 주로 청대의 원림이다. 황가의 원림은 북경과 그 부근에 있다. 사저 원림은 강남에 집중되어 있으며, 그 성취도 가장 높다. 양자는 황가와 문인의 심미 취향의 차이를 보여줄 뿐만 아니라 지방 풍격의 차이도 반영하고 있다.

강남 사저 원림은 우선 조운漕運의 거점인 양저우揚州를 중심으로 분포돼 있다. 이곳은 '원림으로는 천하제일'이라 평가된다. 도광道光 이후로는 소금 사업이 쇠락하면서, 직조織造와 상업의 중심지인 쑤저우蘇州의 원림이 발전하여 '원림의 도시'라는 이름을 갖는다. 청 말기에는 '영남嶺南 원림'이 출현하여 몇몇 지역이 이름을 얻었지만, 그 수준이 강남의 원림을 능가하지는 못했다.

북방 황가 원림은 '강희 건륭의 태평성대'에 크게 발전했다. 베이징 서북쪽 교외에 대규모로 황가 원림을 조성했고, 청더承德에 피서산장을 지었다. 이는 명에서 청으로 이어지는 제3차 건축 고조기에 지어진 최후의 중요한 작품이다. 이러한 원림들은 황가 원림 특유의 거대함과 호화로움을 지니면서도, 고도로 발달한 강남 사저 원림의 조성 기법을 대량으로 흡수했다.

2 강남의 사저 원림

사저의 원림은 사인원의 길을 따랐고, 동시대 문인화의 영향을 받았다. 그러한 원림 제작자로는 계성計成과 장남원張南垣이 가장 유명했다. 계성의 『원야園冶』는 중국에서 가장 중요한 원림 예술 전문서로, 그 정수는 "사람이 지었으되 자연 그대로인 듯" "기교는 지세에 따라 경물을 빌리는 데因借로부터 나오고, 정수精髓는 조화를 이룸에서 나온다"고 했다. 앞의 구절은 자연미를 숭상하는 중국 원림의 기본 특징을 보여준다. 책에는 "실제의 것을 꾸며낸 것으로, 꾸며낸 것을 실제의 것으로 만든다"는 대목이 있는데, 이는 자연의 실제 산과 물의 구성법으로 인공적인 산수를 조성함으로써 실제 산과 물처럼 사람의 마음을 움직인다는 것을 의미한다. 여기서 '꾸며낸 것'이란 '허구적인 것'의 의미가 아니라 '인공적인 것'의 의미로, 단순히 자연을 모방하는 것이라기보다는 예술적 재현의 과정을 일컫는다. 한편 뒤의 구절은 원림 조성의 구체적인 방법을 일러준다. "인因이란, 기본적인 지세의 높고 낮음에 따라 형체를 가지런히 한다." 즉 원림 내부의 처리는 지형이나 지세의 높고 낮음, 바름과 기울어짐에 근거한다는 것이다. "차借란, 원림이 비록 안팎이 구별되지만, 경관을 얻으려면 원근에 구속되지 않아야" 하며, "저속하면 제거하고, 아름다우면 수용한다"는 것이다. 이러한 구절들은 경물의 처리에 있어 주위의 원근 환경까지도 고려해야 한다는 것을 설명해준다.

강남 사저 원림은 몇 가지 특징이 있다. 첫째, 규모가 비교적 작고 굽이굽이 운치가 있다. 주된 구상은 '작은 것에서 큰 것을 본다'로, 유한한 범위 안에서 함축, 양억揚抑, 곡절, 암시 등 기법으로 인간의 주관을 발동시켜 심오한 깊이를 지닌 풍경을 만들어낸다. 둘째, 원림의 구성방법은 수면水面을 중심으로 삼아 사방에 건물을 흩어놓는다. 셋째, 원림의 주인은 비교적 높은 수준의 문화적 소양을 지녀 시를 짓고 그림을 그리며 이것들의 품평에 능하다. 그는 사대부의 가치관과 감상 기준으로 고아하고 담박한 탈속의 경지를 추구한다.

쑤저우 망사원網師園은 건륭 시기에 짓기 시작한 중형 원림이지만, 배치가 정묘하여 쑤저우 중소형 원림 중 가장 아름다운 원림이다. 원림의 동편에는 원림 주인의 주택이 있으며, 양자 간에는 몇 개의 문과 통로가 있다.

원림 동남쪽 구석에 난 작은 문으로 들어서서 짧은 회랑을 지나면 한 건물과 만난다. 건물의 남쪽과 서쪽에는 모두 깊숙이 우거진 작은 뜰이 있다. 건물 북쪽은 황석黃石을 쌓아 만든 가산假山이 북쪽으로 향하는 시선을 가로막는다. 건물 서쪽의 구부러진 회랑은 북쪽으로 뻗어 있어 날렵하고 정교한 탁영수각濯纓水閣으로 통하며, 여기에 이르러서야 비로소 찰랑이는 호수의 물빛을 보며 즐거움을 느낄 수 있다.

이것이야말로 "고양시키려면 우선 억누른다"는 이치를 나타낸다.

뜰 안의 연못은 크기가 무척 작다. 하지만 연못가의 돌들이 낮고 울퉁불퉁하게 배열되어 있으며, 마치 돌 아래의 물결에 침식된 이미지를 재현한 듯 안쪽으로 밀려들어가 있다. 물가의 건축물은 최대한 물가에 낮고 가깝게 지어져 있고, 연못의 동남쪽과 서북쪽 구석에는 물굽이를 형성했는데, 이러한 처리 방식은 모두 경관을 확장시킨다. 서장북행西墻北行을 모방한 회랑이 점점 높아져 마침내 '월도풍래정月到風來亭'에 이르면, 밝은 정신 공중에 실리고 맑은 바람 불어와 봄날 연못에 물결을 만드니, 가히 이 정자가 구현하려는 의경이라 할 수 있다. 정자 북쪽은 물굽이로, 굽은 다리를 건너면 크기가 비교적 큰 간송독화헌看松讀畫軒과 그 동쪽에 집허재集虛齋가 나오는데, 모두 연못가로부터 북쪽으로 떨어져 있고, 소나무에 가려 수면이 가하는 압력으

로부터 벗어나 있다. 집허재 남쪽 죽외일지헌竹外一枝軒은 회랑을 사이
에 두고 연못을 향해 있다. 이 건물과 그 동쪽 끝 회랑 건너에 있는
'사압수각射鴨水閣'은 '월도풍래정' '탁영수각'과 품品자 모양으로 서로
마주보면서 삼각 형태의 연못 감상 포인트를 이룬다. 원림의 서쪽에

그림 05-03 망사원 사압수각.
_샤오모 촬영

그림 05-04
쑤저우 졸정원과 수동좌헌誰同坐軒.
_샤오모 그림

서 동쪽으로 바라보면, 사압수각의 헐산면歇山面과 이 건물 뒤 주택의
경산산장硬山山墻이 빼어난 조화를 이룬다. 수각은 남쪽으로나 북쪽으
로나 더 치우칠 수 없는 위치에 있다. 왜냐하면 이 건물이 남쪽으로
더 치우칠 경우 두 개의 지붕 꼭대기가 위아래로 대칭을 이루고, 북

쪽으로 더 치우칠 경우 두 건물 지붕의 북쪽 경사면의 선이 서로 뒤섞이기 때문이다. 현재의 위치도 절묘하지만, 산장의 중앙이 약간 북쪽으로 치우쳐도 별 무리는 없을 것이다. 수각은 방대한 산장의 단조로움을 깨뜨렸고, 수각 남쪽에 산석山石을 쌓고 그 옆에 작은 나무와 대나무를 심었다. 산장에는 두 개의 누창漏窓을 만들었고, 누창 위에는 피첨披檐을 얹어 산장을 배경으로 하는 화면 구도에 평형을 이루었으며, 원림 서쪽의 둔중함을 제거했다. 원림 서북쪽에는 서원西院으로 통하는 작은 문과 서재가 있다.

이 외에도 쑤저우에는 졸정원拙政園, 창랑정滄浪亭, 환수산장環水山庄, 유원留園이 있고, 우시無錫의 기창원寄暢園, 양저우의 개원個園, 기소산장寄嘯山庄, 그리고 공공원림인 수서호瘦西湖 등이 강남의 유명 원림이다.

3

화북 황가의
원림

 화북 황가의 원림 중에는 원명원圓明園의 면적이 가장 크다. 그러나
1860년 영불 연합군과 1900년 8개국 연합군의 침략으로 완전히 파
괴됐다. 청의원淸漪園은 보수를 거쳐 현재의 이화원頤和園이 됐다. 이 외
에도 청더 이궁離宮에 있는 피서산장 역시 규모가 방대하다.

 사저 원림에 비해 황가 원림의 특징은 다음과 같다. 첫째 규모가
매우 커서, 실제 산과 물을 원림 조성 요소로 삼으며, 원래의 지형이
나 지세와의 조화를 보다 중요시한다. 예를 들어 피서산장은 둘레가
40킬로미터, 면적이 540만 제곱미터에 달하여, 원림 안에 평원, 호수,
산지가 있을 정도다. 산지는 전체 원림의 4/5의 면적을 차지하며, 높
이는 수십 미터 이상에 달한다. 원명원, 이화원 역시 5000여 묘에 달
하여 단지 십여 묘에 지나지 않는 사저 원림에 비해 훨씬 크다. 크기
의 차이는 황가 원림과 사저 원림의 조성 기법의 차이를 가져왔다.

둘째 황가 원림의 기능과 규모는 사저 원림보다 풍부하고 성대하다. 대개 원림 입구에는 정사를 돌볼 수 있는 궁전이 있고, 거주용 전당은 원림 안에 흩어져 있다. 셋째 황가 원림의 예술 풍격은 정식 궁전처럼 장엄하고 성대하지 않지만 무척 화려하여 흰 벽과 푸른 기와의 강남 사저와 다르다. 북방 건축은 무겁고 소박하며 황가의 기상과 서로 충돌하지 않는다.

황가와 사저를 막론하고, '자연'이라는 두 글자는 양자가 공통으로 따르는 기본 원칙이다. 황가 원림은 의식적으로 사저 원림으로부터 영향을 받았다. 심지어 원림 안의 일부분이나 작은 정원은 강남 사저 원림의 대의를 모방했을 정도다.

이화원은 북면北面의 만수산萬壽山과 산남山南의 곤명호昆明湖에 따라 조성됐다. 건륭은 호수의 동쪽을 확장하여, 본래 만수산 중앙과 마주하던 호수 동편 호안선을 산 동쪽 기슭까지 이르게 했다. 이로써 산과 호수의 관계가 훨씬 자연스러워졌다. 확장

그림 05-05 청더 피서산장 전경도. _청대 회화

그림 05-06 원명원 조감도. 출처 「중국건축예술사」

된 곤명호는 북쪽이 넓고 남쪽이 좁은 역삼각형 모양을 띠게 됐고, 호수 면이 전체 원림의 3/4이 될 정도로 넓어졌다. 전체 원림은 궁전 구역, 전산전호前山前湖 구역, 서호西湖 구역, 후호後湖 구역으로 나뉘는데, 저마다 다른 개성을 지닌다.

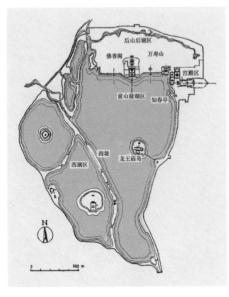

그림 05-07 이화원 전체 평면도. _샤오모 그림

원림의 주요 문인 동궁문東宮門은 곤명호 동북쪽 모퉁이, 호수와 산의 교차점에 있다. 원림에 들어오면 먼저 대칭 형태인 궁전 구역이 나오며, 엄숙한 자금성과 달리 분위기가 훨씬 가볍다. 정전正殿 지붕은 청기와 권붕捲棚으로 된 헐산식이며, 정원 내부는 나무와 돌들로 장식돼 있다.

인수전仁壽殿을 돌아 호숫가로 다가가면 분위기가 돌변한다. 전방에는 평평한 호수가 펼쳐져 있고 멀찍이 산이 보인다. 좌측은 섬 위의 나무와 돌들 사이로 지춘정知春亭이 슬며시 모습을 드러낸다. 우측은 불향각佛香閣이 만수산에 웅서해 있는데, 시야기

그림 05-08 이화원 곤명호 동쪽 호숫가에서 바라본 불향각. 출처 「중국건축」

그림 05-09 이화원 만수산.
_러우칭시樓慶西 촬영

확 트여 마음을 요동치게 한다. 옥천산玉泉山 탑의 그림자는 정원 안
으로 스며들고, 가까운 호수 가에 서 있는 교목들은 그것을 도드라
지게 해준다. 이화원에 대한 이러한 첫 번째 인상은 드라마틱한 느낌
을 제공한다.

　만수산의 형태는 수수하다. 남쪽 언덕에 우뚝 솟은 거대한 불향각
과 그 북쪽에 있는 유리전琉璃殿은 딱딱한 느낌의 회랑에 생기를 준
다. 원래는 현 불향각의 위치에 탑을 세우려 했으나, 8층 높이까지 쌓
았을 때 건륭이 돌연 그것을 철거하라 명하여 결국 4층 8각의 누각
이 된 것이다. 이는 예술적으로 볼 때 아주 훌륭한 결정이었다. 형태
가 가늘고 높은 탑이 평평하고 안정된 산형山形에 비해 지나치게 커지

면, 멀리 옥천산에 솟은 유사한 형태의 옥봉탑과 중복되기 때문이다. 넓고 두터운 형태의 누각으로 변경함으로써 그와 같은 국면을 피할 수 있었다. 누각의 체적이 비교적 크기 때문에 전체 정원 구도의 중심이 되어 모든 공간을 충분히 제어할 수 있다.

만수산 남쪽 기슭과 호수 사이에는 호숫가와 평행을 이루도록 동서 700여 미터 가량의 장랑長廊을 설치하여, 산기슭에 세워진 작은 건물들을 연결시켰다. 장랑은 불향각 건물군의 축선과 가까운 곳에서 안쪽으로 들어가 있으며, 호안선湖岸線은 밖으로 돌출돼 있어 하나의 광장을 이룬다. 광장에는 커다란 패방牌坊이 있어 장랑으로 생길 수 있는 단조로움을 피했다.

그림 05-10 이화원 십칠공교.
_가오홍 촬영

그림 05-11 지춘정知春亭에서 바라본 곤명호昆明湖. 출처 「이화원」

그림 05-12 이화원 옥대교玉帶橋. 출처 「중국고건축대계」

불향각에서 남쪽을 바라보면, 호수 주위의 풍경을 감상할 수 있다. 정남향에서 동쪽으로 치우쳐진 호수 중앙에는 용왕묘龍王廟라 불리는 큰 섬이 있는데, 이는 건륭이 동쪽으로 호수를 확장시킬 때 특별히 남겨둔 것이다. 섬 위에는 수목이 울창하여 정자가 보일 듯 말 듯하다. 이는 불향각과 보기 좋은 대응관계를 이룬다. 용왕묘 동쪽으로는 돌로 지어진 십칠공교十七孔橋가 있다. 이 석교는 조형이 아름답지만 섬에 비해 크기가 지나치게 크다는 게 흠이다. 곤명호는 북쪽이 넓고 남쪽이 좁다. 불향각에서 남쪽 먼 곳을 바라보면 갑자기 좁아진 호수 면에

투시감을 더하여 호수 면이 실제보다 더 아득하게 보인다.

호수 동편, 북쪽 호숫가 근처에 작은 섬과 지춘정이 있다. 이는 불향각을 측면에서 바라보기에 더 없이 좋은 관람 포인트다.

이화원의 전산전호前山前湖 구역은 명랑하고 탁 트여 있는 느낌이다. 진산진수眞山眞水의 거대한 장면과 경치는 커다란 필촉으로 그려낸 듯하고, 건물들은 오색빛깔로 화려하며, 불향각 건축군은 노란색 유리기와 지붕을 얹어 아름답고 고귀한 풍격을 자아낸다.

곤명호 서쪽은 항저우杭州 서호西湖의 서제西堤를 본 딴 것으로, 이 구역의 풍격은 교외의 시골 마을처럼 소담하다. 제방은 호수 면을 두 개로 분리하는데, 각 호수 면에는 섬이 하나씩 있어 용왕묘 섬과 함께 세 개의 신산神山을 구성하며, 이는 전통 황가 원림의 양식을 또한 이룬다. 제방 위에는 매우 아름다운 다리가 있다.

만수산 북쪽 기슭은 후산후호後山後湖 구역으로 수면의 크기가 일정치 않고 구불구불한 수로로 이어진 작은 호수다. 이곳은 호수 너비가 좁고 울창하여 전산전호와는 그 분위기가 확연히 다르다. 후호後湖 중간 부분의 양쪽 가장자리에는 쑤저우蘇州 수가水街를 본떠 만든 점포가 있어 강남 부두의 분위기를 풍긴다.

황가 원림은 엄숙하고 융중한 화새和璽나 팽이 모양의 채색그림을 그리 사용하지 않으며, 보다 생동감 있는 소식蘇式 채색 그림을 주로 사용한다.

색깔은 건축의 성격을 잘 나타낸다. 중국 건축의 색채는 두 가지로 크게 분류된다. 하나는 북방 황가 건축의 붉은 담장, 노란 기와, 흰 토대로 이루어진 색채로, 화려하고 눈부시며 북종화北宗畵의 금벽金碧처럼 세밀하고 선명하다. 다른 하나는 남방 민가 원림의 분홍 담장, 갈색 기둥, 검푸른 기와로 이루어진 색채로, 남종南宗 문인화의 정취를 담은 담박한 수묵화를 연상시킨다.

중국 원림의
국제적 지위

　중국 원림은 세계적으로 높은 위상을 지니고 있다. 당·송 시기에 이미 조선과 일본에 직접적인 영향을 미쳤다. 선종禪宗이 일본에 전해진 뒤 일본 특색의 '고산수古山水' 원림과 '다정茶庭'의 탄생을 촉진시켰다. '고산수' 원림은 대형 분경盆景으로 사의寫意의 성격이 강하며, 건축자 대다수는 선승禪僧이다. 이중 교토京都 용안사龍安寺 석정石庭의 수준이 가장 높으며, 1450년경에 지어졌다고 전해진다. 석정의 지면에는 흰 모래가 깔려 있고, 표면에는 갈퀴질로 새긴 물결 문양이 있어 드넓은 바다를 상징했다. 흰 모래에는 세심하게 고른 돌들이 배치되어 있어 바다 위의 외로운 섬을 나타냈다. 또한 돌 주위의 흰 모래에 새겨진 고리 모양은 수석에 부딪쳐 생긴 파문을 나타낸 듯하다.

　유럽인들이 중국의 원림에 대해 알게 된 시점은 원元대의 마르크 폴로로까지 거슬러 올라간다. 그는 강남에서 남송 시대에 지은 원림

그림 05-14
용안사 방장정方丈庭 고산수.
출처 『세계의 유명 정원』

그림 05-15 만수원龍珠院 고산수.
출처 『세계 유명 정원』

을 보았고, 원 대도大都의 태액지太液池에 대해서도 묘사한 바 있다. 태액지는 중간에 두 개의 섬이 있다. 그중 북도北島가 비교적 큰데, 원대에는 이를 만수산(현재 베이하이北海의 충화다오瓊華島)이라 불렀고 그 꼭대기에 있는 광한전廣寒殿은 요대까지에 걸쳐 축조됐다. 산 주위에는 다른 전당이나 정자를 배치했고, 물을 산꼭대기까지 올린 후 다시 산허리에 있는 석조 용의 입을 통해 분출시킨다. 산에는 꽃과 나무를 고르게 심었고, 금金대 변량卞梁에서 운반해온 태호석太湖石을 배열했으며, 기이한 길짐승과 날짐승을 키우기도 했다. 마르코 폴로는 이 산의 나무와 돌, 건축물이 모두 푸른빛을 띤다는 점 때문에 이 산을 '녹도綠島'라 불렀다. 한편 남도南島는 '원지圓址'라고도 불렸고 오늘날의 퇀청團城을 가리키며 돌다리로 북쪽의 만수산과 연결되어 있다.

서양이나 이슬람 원림과 비교할 때, 중국 원림은 몇 가지 눈에 띄는 특징을 지닌다. (1) 자연미를 중시한다. 원래의 지형과 지세에 인위적인 가공을 거치거나 순수 인력으로 만든 것이라 해도, '자연과 같은' 정취를 추구한다. 원림 안의 건물도 질서정연함을 추구하지 않지만, 물가의 정자와 다리, 마을의 민가를 모방하여 건축미와 자연미가 서로 조화를 이루게 한다. (2) 굴곡과 변화를 추구한다. 대자연은 본디 변화무쌍하지만 규칙이 존재한다. 중국의 원림 또한 '자유'를 추구하면서도 이를 절대화하지 않고, 거기에 엄격한 법도를 포함시킨다. 이는 기하학적 규칙이라기보다는 자연의 법칙, 자연적 전형화로, 자연 자체보다 더 개괄적이고 전형적이며 고상하고 아름답다. (3) 의경을 중시한다. 형식미에 머무르지 않고 밖으로 드러난 경관을 통해 내적인 정서를 표현한다. 원림의 창작과 감상은 심층적인 감정을 충만하게 하는 과정이다. 원림을 창작할 때는 정감을 가지고 풍경에 진입하며, 감상할 때는 풍경과 접촉함으로써 정감을 생성한다. 이렇듯 정감과 풍경이 교차하고 융합하여 만들어지는 분위기를 가리켜 의경이라 한다. "그윽한 매화향 소매에 가득하고, 달빛은 뜰 안에 충만하네暗香盈袖, 月色滿庭"는 한적한 생활에 대한 소망을 표현하고 "바위의 이끼와 물가의 꽃, 마을의 다리와 들판의 정자岩苔汀花, 村橋野亭"는 세속에서 멀리 벗어난 출세간의 정념을 나타낸다. 또한 "물빛과 떠있는 그림자, 낭떠러지와 위태로운 봉우리水光浮影, 懸岩危峰"는 깊은 산림에 의지하여 스스로 고결하고자 하는 바람을 보여준다. 이것들은 모두 문인들이 표방하는 이상적 생활이다. 한편 황가 원림은 산림에 감정을 의지하면서 동시에 집금集錦 기법으로 "천지를 군주의 마음에 응축함"으로써 대일통의 뜻을 만족시킨다. 붉은 기둥과 푸른 기와는 황가의 부귀를 보여주고, 하나의 연못과 세 개의 섬은 바다 건너 신선이 사는 곳에 대한 환상을 나타낸다. 결론적으로 말해 중국 원림의 수준과 성패는 창작자의 문화적 소양과 심미적 정감의 수준에 달려 있는 것이다.

17세기 이후 중국 원림에 관한 소식이 유럽에 전해졌다. 맨 처음 중국 원림에 관한 소식을 접한 것은 영국이었고, 이후 프랑스와 여타 국가들도 중국 원림에 놀라움을 금치 못했다. 중국 원림은 세계 원림의 어머니로 칭송됐다. 1685년 영국의 저명한 학자인 템버는 서구의 기하학적 원림에 관해 서술하며 이렇게 말했다. "완전히 불규칙적인 다른 형태의 정원이 있을 수 있다. 그것은 어떠한 다른 형식의 정원보다도 아름다우며 매우 뛰어난 자연적 조건 위에서만 조성될 수 있다. 또한 인공적 장식에 있어서도 상상력과 판단력을 갖춘 위대한 민족을 필요로 한다." 그는 이러한 원림에 관해 "중국에서 살았던 사람으로부터 전해들었다"고 말한다. 템버는 또 이렇게 적고 있다. "중국의 정원은 대자연의 일부분 같다." 이때 유럽에서 유행한 원림은 베르사유 정원의 건축자이자 프랑스 고전주의 정원 예술의 창시자 르노트르의 말처럼 "자연에게 균형의 법칙을 강제하는" 성격을 띠고 있었다.

헤겔도 중국 원림의 정신에 대해 상당히 풍부한 이해를 갖고 있었다. 그는 중국 원림이 일반적 의미의 '건축'이 아니라 "일종의 회화로서 자연물의 자연 그대로의 형상을 보존하고 자유로운 대자연을 힘써 모방한다. 그것은 뭇 자연풍경 가운데 사람의 마음을 유쾌하게 해주는 것들을 한데 모아 하나의 총체를 이룬다. 예를 들어 자연 그대로의 투박함을 지닌 암석, 골짜기, 삼림, 초원, 구불구불한 시냇물, 제방 위로 유쾌하게 흐르는 강물, 잔잔한 호숫가에 자라는 꽃과 나무, 빠르게 아래로 떨어지는 폭포 등이 중국 원림을 이룬다. 중국의 원림 예술은 일찍부터 호수, 새, 강물, 산, 먼 경치 등 자연 풍경을 정원 안으로 모두 끌어들였다." 따라서 중국 원림이 '회화'처럼 자연에 대한 재현의 성격을 지녔지만, 어떤 사물을 재현하는 것이 아니라 일종의 분위기를 추상적으로 표현하는 '건축'이라는 그의 견해는 매우 타당하고 심오하다.

한편 괴테는 시적인 언어로 이렇게 말한다. "그들에게 있어 모든 것은 우리보다 명랑하고 순결하며 도덕적이다. 그들에게 있어 모든 것은 이해할 수 있고 쉬이 사람에게 다가가며, 강렬한 정욕과 들끓어 솟구치는 시흥이 없다." "그들에겐 또 다른 특징이 있다. 인간과 대자연이 같이 생활한다는 것이다. 당신은 비단잉어가 연못에서 튀어 오르거나 새가 나뭇가지 위에서 쉴 새 없이 지저귀는 소리를 항상 들을 수 있고, 낮에는 눈부신 햇살을, 밤에는 달빛의 풍정風情을 감상할 수 있다. 달은 늘 이렇게 말한다. 오로지 달만이 자연의 풍경을 바꾸지 않으며, 태양과 마찬가지로 밝게 빛난다고." 그가 여기서 설명하는 것은 중국의 원림이다.

18세기 초 청나라 궁궐에서 13년 동안 화가로 일한 이탈리아 출신의 교사 마테오 리파는 피서산장에서 〈삼십육경도三十六景圖〉를 그린 바 있다. 그는 그 일을 회상하면서, 유럽에서는 "사람들이 예술로써 자연을 배척하여, 채광을 위해 산과 구릉을 깎고, 호수의 물을 고갈시키며, 삼림을 함부로 벌목한다. 또한 도로는 일자로 반듯하게 닦고 많은 돈을 쏟아부어 분수를 만들며 화분 또한 줄을 지어 배치한다. 그러나 중국인들은 이와 상반되게 예술을 통해 자연을 모방한다. 따라서 그들의 정원에 있는 인공 산과 구릉은 지형이 복잡하고, 그 안에 수많은 작은 길이 이리저리 뚫려 있다."

예수회 선교사이자 프랑스 화가였던 장 드니 아티레는 청 조정의 여의관如意館에서 그림을 그렸고, 원명원 사십경도四十景圖의 제작에도 참여했다. 1743년 그는 파리로 부친 편지에서 다음과 같이 말한다. 중국의 원림을 통해 "사람들이 표현하고자 하는 것은 자연스럽고 질박한 농촌이지, 대칭과 비례의 규칙에 입각하여 엄격하게 배치한 궁전이 아니었다. (…) 도로는 구불구불하여 (…) 유럽과 같은 직선적인 가로수길과 다르다. (…) 수로는 자연 그대로의 모습을 풍부하게 담고 있으며, 양안兩岸의 천연석들은 들쑥날쑥하여 (…) 네모반듯한 돌들을 정연하게 쌓아놓은 유럽의 수로와 다르다." 또한 회랑은 "직선적이지 않고 수많은 굴곡이 존재하여 갑자기 관목숲에 가려지거나 가산假山의 바위 앞에서 모습을 드러내며, 작은 연못을 가로지르거나 끼고돌면서 비할 데 없는 아름다움을 뽐낸다."

감상과 찬사 이후에는 모방이 따랐다. 영국에서는 18세기 중엽 유럽 최초로 소위 자연풍 정원을 탄생시켰고, 이후 프랑스에서는 자연풍 정원의 기초 위에 중국식 소재와 기법을 더했다. 이에 정원에 호수를 파고 산을 쌓으며 굴을 뚫어 중국식 정원과 유사한 탑, 정자, 아치형 다리, 누각 등의 건물을 지었고, 심지어는 1730년 런던 교외의 식물원(현 왕립식물원)에 공자 사당을 짓기도 했다. 파리만 해도 '중국식' 정원이 스무 군데에 이르며, 그러한 정원 양식은 이탈리아, 스위스를 비롯한 여타 유럽 국가들에 퍼졌다. 그러나 오래지 않아 유럽인들은 진정한 중국식 원림을 조성하는 일은 대단히 어렵다는 점을 깨달았다.

스코틀랜드인이었던 챔버스는 일찍이 중국 광저우에서 영남岭南 원림을 참관한 뒤 만년에 영국 궁정의 총설계사가 됐다. 영남 원림은 중국 최고의 원림이라 할 수 없지만, 그에게는 비할 데 없는 찬탄을 불러일으켰다. 그는 여러 책에서 중국의 원림을 묘사하면서 표면적이고 외재적인 형상 묘사에 머무르지 않고 중국 원림의 정신에 대한 깊은 이해를 드러냈다. 그는 이렇게 말한다. "정원의 풍경은 일반적인 자연 풍경과 다소 차이가 있다." "자연과 얼마나 흡사한지를 가지고 아름다움을 판단하는 척도로 삼"으면 안 된다. 중국인은 "도처에서 자연을 배우지만 인위적 요소를 배제하지 않고 오히려 많은 공을 들인다. 그들은 자연은 작업 대상을 제공할 뿐이며 어떻게 그것들을 안배하느냐에 따라 정취가 달라진다고 말한다." "중국인의 정원 배치는 뛰어나다. 그들이 정원을 통해 표현하는 정취는 영국이 오랫동안 추구하고자 해도 달성하기 어렵다." 챔버스는 유럽인이 '중국식 원림'을 모방하는 것을 반대하면서 이렇게 말했다. "중국식 정원 예술을 구현하는 일은 매우 까다롭다. 일반적인 지적 수준을 가진 사람에게는 거의 불가능한 일이다. (…) 중국에서 정원을 만드는 일은 전문적인 직업이다. 이는 엄청난 재능이 필요하기 때문에 소수의 사람만이 최고의 경지에 도달할 수 있다."

자연의 아름다움에 대한 중국의 애호는 오랜 연원을 갖는다. 4~5세기 위진 시대부터 시작됐고, 산수시, 산수화의 경우 당·송 시기에 이르러 최고봉에 도달했다. 그러나 서양의 회화에서는 15~16세기 르네상스 시대에 들어와서야 비로소 자연을 표현하기 시작했으며, 그마저도 인물의 배경으로서 존재할 따름이었다. 독립적인 풍경화가 출현한 것은 좀더 나중으로, 18~19세기 낭만주의 시대의 일이었다. 고대의 '화론畫論' '문론文論'을 통해 알 수 있듯, 중국인은 자연미에 관한 예술적 연구에 있어 일찍부터 서양인들보다 높은 성취를 거뒀다.

중국에서 건축군의 전체 배치와 도시는 모두 대칭을 강조했지만, 원림은 오히려 자유로웠다. 서양은 이와 정반대다. 서구의 경우 건축군과 도시는 자유롭지만, 원림은 매우 규칙적이었던 것이다. 이러한 사정은 서로 다른 두 건축 체계 내부의 상호보완성을 낳았고, 두 문화가 자연을 대하는 상이한 태도를 반영했다. 확실히 중국인은 임금이 존엄하고 신하는 비천하다는 '예변이禮辨異(예는 다름을 분별한다)' 관념을 중시하여, 궁전과 정부 건물을 중심으로 하는 엄밀하고 규칙적인 도시를 세웠다. 다른 한편 중국인은 "하늘과 사람은 하나다天人合一" "천지를 오두막으로 삼는다天地爲廬" "사람은 땅을 본받고, 땅은 하늘을 본받으며, 하늘은 도를 본받고, 도는 자연을 본받는다人法地, 地法天, 天法道, 道法自然"와 같은 철학 사상과 생활의 정취를 숭상했고, 이는 원림 조성에 근원적인 영향을 끼쳤다.

6장

자연에 균형을
강요하다
―서양의 정원

중국 원림이 '자연과 같은' 자유로운 구도를 취했다고 한다면, 유럽 원림은 기하학적 규칙을 이용했다고 말해도 무방할 것이다. 하지만 이러한 인식은 표면적인 수준에 머물 뿐 거기에 함축된 문화적 깊이에 도달하지 못한다.

앞 장에서 말했듯이, 중국 원림의 문화적 내함을 검토하려면 중국 '문인'들이 지니고 있던 특유의 심리를 이해해야 한다. 즉 삶에 대한 깊은 우려, 그리고 자연으로 회귀하려는 열망 등을 말이다. 사실 황제를 비롯해서 황실의 일가친척이나 귀족들은 모두 어느 정도 '문인'에 해당한다. 그들은 민간의 문인들과 유사한 자연관, 심미적 이상, 문화적 소양을 지니고 있었다. 이러한 점들은 중국의 원림(황가 원림과 사가 원림을 포함한)을 하나의 총체로서 특수한 문화적 함의를 지닌 것으로 간주하게 만든다.

서양의 철학자, 과학자, 문인, 정치학자들은 고대 중국인과 유사한 '문인' 내지는 '문인문화'를 지니지 않았다. 서구 원림의 주인은 국왕 또는 귀족으로, 이들의 정원은 중국으로 말하면 황가 원림에 해당할 뿐, 중국 '문인'이 주인인 사가 원림과 거의 아무런 유사점도 없다.

중국과 서양의 원림 체계를 간단히 비교하자면, 전자가 자연적인데 반해 후자는 기하학적이며, 자연에 대한 전자의 태도가 존중과 순종이라면 후자의 태도는 정복과 개조다. 또한 전자는 의경의 아름다움이 지니는 깊이를 중시하는데 반해, 후자는 형식미와 외적 표현을 중시하며, 전자가 함축적이고 내향적이며 깊이가 있다면 후자는 표현적이고 외향적이며 단순명료하다. 그리고 전자가 섬세하다면 후자는 강인하고, 전자가 여러 요소를 복잡하게 조합했다면 후자는 무척 간단하며, 전자가 깊은 문화적 함의를 내포한다면 후자는 단지 아름다운 환경을 조성하려는 목적만을 가진다. 흥미로운 점은 중국인과 서양인의 성격을 비교하더라도 위와 비슷한 결과를 얻을 수 있다는 점이다!

　18세기 영국에 풍경식 원림이 생겨나기 이전, 서구의 고전주의 원림은 위에서 서술한 특징을 지니고 있었다. 통상 규모가 대단히 커서 "말 탄 사람의 원림"이라 불리기도 했다. 서구 고전주의 원림은 1667년 파리에 세워진 베르사유 궁전 정원을 예술적으로 가장 뛰어난 대표적 사례로 꼽는다.

1

서양 궁전과
관저의 정원

　서양의 정원은 항상 궁전이나 귀족의 관저와 연계되어 있다. 궁전 원림에 관해서는 이미 "서구와 이슬람 건축 외부 공간"을 다룬 장에서 일부 다루었다. 이 장에서는 실례를 들어 그것을 보충하려 한다.

　16세기 초 고전주의 이전, 프랑스 궁정 정치의 중심은 파리 남쪽의 루아르 계곡에 있었다. 여기에는 강을 따라 신하들의 저택과 국왕의 별궁 등 백여 개의 건물들이 세워졌다. 르두 저택, 슈농소 저택, 샹보르궁 등 건축물과 원림은 고전주의적 풍격을 드러내고 있다.

　슈농소 저택(1515~1556)은 건물 전체가 호수 중앙에 세워진 무척 아름다운 건축물이다. 작은 광장 위에 있는 둥근 탑은 화룡정점의 역할을 담당한다. 그것의 대비로 인해 전체 풍경은 보다 가볍고 활달하게 느껴진다. 두 개의 커다란 광장은 모두 화원으로, 기하 대칭의 방식으로 아름다운 화단을 조성했다. 탑은 건물과 화원을 연결하는

역할도 수행한다.

샹보르궁은 1526~1544년에 지어진 국왕의 별궁으로, 장방형인 바깥 건물 안에 정방형 안 건물이 결합되어 있는 형태이며 바깥 건물의 남문을 정문으로 삼았다. 안 건물 북쪽과 바깥 건물 북쪽은 동일한 일직선상에 위치한다. 두 개의 뜰의 네 꼭짓점에는 원형 보루가 있다. 바깥 건물 동쪽 건물과 서쪽 건물의 남단, 그리고 정면에 있는 남쪽 건물과 남쪽 두 개의 원형 보루는 모두 1층으로 되어 있고, 안 건물을 비롯한 나머지 건물들은 모두 3층으로 이루어져 있다. 안 건물 내부는 원통형 돔으로 십자형 통로를 덮었고, 십자 통로의 교차 지점에는 두 개의 계단을 얽어 만든 유명한 회전 계단이 있는데, 미켈란젤로가 설계한 것이라는 이야기가 있다. 통로 밖 네 꼭짓점에는 큰 홀이 있고 네 개의 원형 보루에도 마찬가지로 큰 홀이 있다. 바깥 건물을 포함한 기타 부분은 대·중·소형 방으로 이루어져 있으며 거주나 기타 목적으로 활용됐다. 큰 뜰과 작은 뜰 사이의 지면에는 노

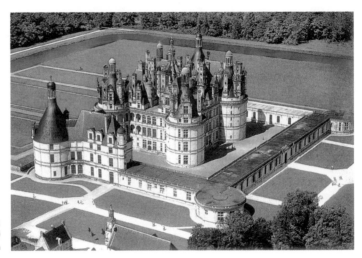

란 모래가 깔려 있다.

엄격한 대칭 기하의 방식을 따른 전체 평면의 배치, 흰 벽이 주는 간결하고 장중한 느낌, 빽빽한 삼림으로 둘러싸인 기하학적 무늬의 초지와 수로, 연못 그리고 그것들을 가로지르는 반듯한 도로들은 모두 고전주의의 엄격한 규칙을 보여준다. 위에서 열거한 두 개의 저택들과 마찬가지로, 그 원형 보루는 고딕 방식의 보루의 영향을 드러내며, 기울기가 매우 가파른 지붕은 북부 유럽의 민간 건축의 영향을 받았다. 또한 안 건물 지붕 위에 우뚝 솟아 있는 백여 개의 채광탑, 굴뚝, 지붕창, 그리고 순수 장식용인 각양각색의 첨탑들은 고딕과 민간 건축의 전통을 들여다볼 수 있게 해준다. 그것들이 각양각색이라는 것은, 서로 일치하지는 않지만 동일한 처리기법으로 양태의 통일을 이뤘음을 뜻한다.

1528년 파리 동남쪽에 건설한 퐁텐블로궁 또한 프랑스 왕의 별궁이다. 1667년 착수한 베르사유궁의 건설은 서양 건축사에서 가장 중대한 사건이었다. 가장 먼저 지어진 것은 비콩트 저택이었다. 비콩트는 루이 14세의 재정대신으로 매우 부유한 사람이었다. 파리 근교에 지은 저택은 거대한 규모의 화원이 딸려 있었다. 건물은 횡으로 5개, 종으로 3개의 부분으로 이루어져 있고 양 끝에는 높은 사각뿔 모양의 지붕이 있으며, 중앙에는 둥근 돔이 돌출돼 있다. 건물의 실내 설계는 바로크식 풍격을 갖추었다. 이 저택의 중요성은 고전주의 원칙을 건축물에서 원림으로 확장했다는 데 있다. 건물 축선의 연장선은 화원의 중심 축선이기도 하다. 화원의 길이는 1000미터에 달하고 완벽한 기하학적 구도를 취하고 있으며 대칭을 이룬다. 중앙의 대로는 넓고 반듯하며 그 안에 기하학적 모양의 연못과 분수를 포함한다. 또한 조각, 계단, 옹벽은 장식의 기능 외에도 연못이나 분수를 지면과 구분하는 기능을 지닌다. 대로 주변의 지로支路들 또한 직선 형태다. 화단 역시 기하학적 형태이고, 화단의 화초들은 마치 채색 도안의 카펫처럼 보인다. 또한 나무들은 원추형, 원주형으로 매우 규칙적으로 가꿔졌다. 사실 이러한 화원은 이미 슈농소나 샹보르에서도 볼 수 있다. 그러나 슈농소는 건축과 하나로 결합돼 있지 않고, 샹보르 역시 충분히 전형적이지 못하다.

비콩트는 루이 14세를 초청하여 성대한 연회를 열었고, 황제는 화원의 고전미에서 큰 감동을 받았다. 어느 누구도 자신을 능가하는 것을 원치 않았던 황제는 암암리에 그와 같은 기법을 이용하여 비콩트를 능가하도록 베르사유궁을 개조하기로 마음먹는다. 나아가 황제는 비콩트의 재력이 어디서 기인한 것인지를 의심하기 시작했다. 이를 간파한 비콩트 또한 베르사유 궁전의 건설을 위한 자금을 아낌없이 지원함으로써 자신의 충성심을 표현했다.

1667년 루이 14세는 비콩트 저택의 건축설계자인 루이 르보와 조

경설계자인 르 노트르 등 멤버들을 동원하여 베르사유궁과 대화원
을 개조하는 위대한 공정에 착수했다. 이 공정은 90년 뒤인 1756년
에 비로소 마무리됐다. 한 가지 첨언하면, 베르사유궁을 착공하기
20여 년 전인 1649년 영국은 이미 부르주아 혁명에 성공했다.

베르사유궁은 파리 서쪽 교외 20킬로미터 지점에 위치해 있다. 일
찍이 루이 13세는 이곳에 사냥궁을 지은 바 있다. 그 궁은 벽돌로 이
루어졌는데, 평면은 '요凹'자형이고 서쪽에서 동쪽의 파리를 바라보
는 형태를 띠고 있었다. 루이 14세는 이 사냥궁의 개조를 결심한 후
르보에게 명하여 본래의 건축물을 움직이지 않은 상태에서 그 남·
서·북쪽의 건물 뒷면에 석재로 조성한 방을 덧붙이도록 했다. 이후
본래 궁전의 벽면에는 석재 건물을 남북으로 덧붙여 전체 궁전 규모

가 남북으로 400미터에 이르렀다. 또한 동향의 요자형 광장의 깊이
를 늘리고 광장으로부터 동쪽으로 세 개의 방사형 대로를 내어 각
각 도시 중심지와 다른 두 개의 별궁으로 이어지게 했다. 세 개의 대
로가 한 점에서 만나게 하는 배치는 로마 포포로 광장을 모방했다.
2층으로 이루어진 서쪽면 중앙의 19칸은 기다랗게 통해 있는 홀로
길이는 76미터, 너비는 10미터며, 지붕은 높이 13미터의 긴 아치형이
다. 이는 베르사유궁에서 가장 중요한 대형 홀로, 서쪽의 대형 화원
을 내려다볼 수 있다. 홀 안의 장식은 농후한 바로크 양식으로, 동쪽
벽을 연하여 17개의 커다란 거울이 부착되어 있어 '거울의 방'이라
불린다. 황제의 침실은 거울의 방 중앙 동쪽에 있으며, 창문을 통해
파리로 향하는 대로를 볼 수 있다. 베르사유궁에서 국왕의 침실 위
치는 마치 자금성 내 황제의 침궁이 천안문 성루 위에 있는 것과 같
은데, 이는 중국에서는 상상조차 할 수 없는 배치다.

그림 06-05 베르사유궁의 거울의 방.
출처 「바로크예술」

그림 06-06 베르사유궁 내 프랑스 국왕의 침실.
출처 「유럽미술—로코코에서 낭만주의까지」

　　베르사유궁 서쪽에는 3000미터에 달하는 커다란 축선이 전체 화원을 관통한다. 전체 화원에는 다양한 풍경이 배치되어 있다. 꼭짓점 부분이 뭉툭한 직사각 형태의 연못과 남북 화원은 궁전과 바짝 붙어 있다. 남쪽 화원의 남쪽에는 주로 귤나무 분재를 심은 귤 화원이 있다. 귤 화원의 남쪽에는 13헥타르에 달하는 '스위스인' 연못이 있다. 북쪽 화원의 북쪽은 밀림과 넵튠 조각 분수 연못이 있다. 또 이 연못과 그 주위에는 다수의 청동 조각상이 있다. 축선을 따라 서쪽으로 가면 반듯하고 넓은 후와얄르 대로가 있다. 대로의 길이는 330미터, 너비는 45미터이고 중간에는 풀밭이 있다. 대로의 동서쪽 양 끝은 각각 라톤의 샘과 아폴론의 샘이 있다. 아폴론 샘에는 여덟 필의 말이 끄는 마차를 타고 물속에서 솟아오르는 그리스 신화 속 태

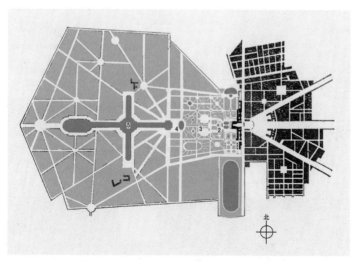

그림 06-07
베르사유궁 전체 평면도.
출처 『서방건축명작』

양신 조각상이 있는데, 이는 자신을 태양신이라 칭한 루이 14세의
영광을 표현한다. 베르사유궁 안에도 태양신과 뭇 여신들의 조각상
이 진열되어 있다. 후와얄르 대로 양 측면에는 격자모양을 이루는 12
개의 정사각형으로 구획된 풍경 구역이 있다. 각 구역을 구성하는
요소는 서로 다르며, 가장 밖에 있는 구역은 밀림과 연결되어 있다.
아폴론 샘에서 더 서쪽으로 가면 십자 형태의 수로가 있는데 종으로
는 1600미터, 횡으로는 1000미터에 달하며 너비는 60미터. 수로
의 사방은 커다란 초지로 되어 있고, 그 외부는 거대한 삼림을 이루
어 장관을 연출한다. 이처럼 베르사유궁과 화원의 면적은 무척 넓다.
사람들은 단계적으로 풍부한 모습을 띠고 대단히 규칙적인 서구 원
림의 예술적 풍격의 전모를 이곳에서 관찰할 수 있다. 비례와 척도를
엄격하고 정확하게 고려하여 완성한 이 건축은 17세기 프랑스 고전
주의 예술을 집대성한 불후의 기념비라 해도 손색이 없을 것이다.
　궁전이 세워진 지역은 물이 부족한 황무지였다. 루이 14세는 2만

2000명(가장 많을 때는 3만6000명)의 인원과 6000필의 말을 동원하여
화원을 건설했다. 먼 곳에서 양수기를 동원하여 물을 대고 모든 수목
을 인위적으로 심어 황무지를 화원과 삼림으로 개조했던 것이다.

서구 고전주의의 기하학적 원림은 인공의 역량을 매우 강조했다.
지형은 모두 평탄하거나, 가지런한 옹벽을 활용하여 산지를 서로 다
른 높이의 토대로 만들 뿐, 자연적인 산이나 구릉을 가공하지 않는
다. 물 또한 시내나 폭포, 연못 등의 자연 풍경이 아니라 원형, 방형,
팔각형, 그리고 길고 가는 형태의 연못, 수로, 분수, 벽천 등으로 이루
어졌다. 또한 식물은 주로 행렬식으로 심었고, 나무는 원추, 구, 원주
등의 기하학적 모양이나 동물의 형상으로 손질했다. 녹지 또한 기하
형태로, 주변에는 가지런한 울타리로 둘러싸여 있다. 화단은 통상 컬
러풀한 양탄자를 연상케 한다. 화원의 도로는 넓고 일직선이어서, 한

그림 06-09 베르사유 궁전의 서쪽 면.

그림 06-10 라톤의 샘에서 서쪽을 바라본 풍경.

그림 06-11 라톤의 샘.

그림 06-12 아폴론의 샘. 출처「바로크예술」

눈에 전체를 볼 수 있다. 이는 구불구불하여 걸음을 옮길 때마다 풍경이 달라지는 중국의 원림과 다르다. 화원 주변은 높고 무성한 삼림이 둘러싸고 있다. 정원 전체의 규모는 무척 커서, '말 탄 사람의 원림'이라 불릴 정도다. 한마디로 말해 서양의 원림은 인공적인 느낌이 강하다. 르노트르는 이렇게 말했다. "나는 자연이 균형의 법칙에 복종하도록 강요한다." 그러나 동양의 원림이 보여주는 의경은 서양과는 크게 다르다. 베르사유궁의 화원은 서양 원림을 가장 잘 대표하며, 최고도의 예술적 수준을 보여준다.

2 중국과 서양의
원림 정신 비교

  유럽의 고전주의자들에게는 진정한 자연미를 감상할 만한 능력이
결여돼 있었다. 당시 영국의 저명한 고전주의 건축사이자 런던 세인
트폴 성당의 설계자였던 크리스토퍼 렌은 이렇게 말한 바 있다. "자
연적 아름다움은 통일이나 비례와 같은 기하학적 성격에서 나온다.
(…) 기하학적 형상은 물론 불규칙적인 형상보다 더 아름답다. 기하학
적 형상의 모든 것은 자연적 법칙에 부합한다." 이런 말을 중국인이
듣는다면 말도 안 된다고 느낄 것이다. 프랑스의 정원 건축가인 부아
소도 이렇게 말했다. "사람들이 발견할 수 있는 가장 아름다운 대상
은 모두 결함이 있다. 만약 가지런하고 균형 있게 그것을 조정하고
배치하지 않는다면 말이다." 부아소의 첫 문장은 어느 시대에나 통
할 옳은 말이다. 뒷문장의 "조정하고 배치한다"는 말 역시 틀린 말은
아니다. 하지만 모든 대상을 '기하학적'으로 '가지런하고 균형 있게'

만들고자 하는 태도는 중국인에게 수용될 수 없을 것이다. 중국인들은, 자연 자체는 '기하학' '가지런함'이나 '균형' 따위를 알지 못하며, 본래 '가지런하고 균형 있는' 것이 아니라고 생각해왔다. 자연은 비록 자신만의 '질서'를 지니지만 고정적인 '형식'이 없으며, 자연의 '질서'는 (넓게 보았을 때) '가지런함'이나 '균형'과는 전혀 무관하고 심지어 대립한다고 본 것이다. 물론 중국의 원림도 인공적으로 만든 것이며, '조정과 배치'를 통해 완성된다. 그러나 자연의 '질서'에 순응하기 때문에 "사람이 지었으되 자연 그대로인 듯"한 것이다. 중국인은 자연을 있는 그대로 따르는 것이 아니며, '자연 그대로인 듯'하다는 것은 자연을 모방하여 완전히 똑같게 만든다는 것을 의미하지 않는다. 오히려 자연을 전형화하고 세련되게 가공하여 이미지를 형성하고, 이로써 자연으로부터 나올 뿐 아니라 자연을 초월하는 의경을 부각시킨다. 그러나 고전주의자들은 인간이 정한 소위 '기하학적'이고 '가지런하고 균형 있는' '이성적' 면모에 따라 자연을 강요함으로써 자연의 본성을 거스른다. 하나는 자연에 '순응'하는 것이요, 다른 하나는 자연에 '강요'하는 것으로, 어떤 것이 더 우월한가에 대해 논할 수 없다 하더라도 그 차이는 명확하다. 중국인은 자연을 자애로운 어머니로 여겨 항상 친근감을 느꼈고, 자연에 밀착하여 그것에 순응하거나 그것을 사모했다. 서양인들은 자연을 엄격한 아버지로 간주하여 그것에 거역하거나 때때로 그것을 '정복'하려 했다. 덧붙여 말하면, 이러한 '정복'은 비단 자연에 국한되지 않고 다른 나라, 민족, 문화에 이르기까지 그 대상으로 삼았다. 그러한 단어는 좋게 말하면 매우 진취적이지만 나쁘게 말하면 확장에의 집착이라 할 수 있다. 이러한 두 문명의 차이는 농업민족과 수렵민족 간의 심층적 심리 기억과 관련된 것일까? 이러한 물음을 가지고 계속 탐구하다보면, 중국과 서양 건축 문화를 비교하기 위한 좀더 풍부한 화제를 얻을 수 있을 것이다.

필자는 예전에 중국 건축은 회화성이 강하고 서양 건축은 조각성이 강하다고 말한 바 있다. 마찬가지로 서구 원림 또한 조각성이 강하다. 그러나 그 조각은 사실적 조각이 아니라 산, 나무, 돌 등 자연물을 원소로 삼아 인위적 법칙에 입각한 입체 도안에 자연을 끼워 맞추어 제작한 것으로, 인공적 흔적이 지나치게 뚜렷하다. 헤겔은 "가장 철저하게 건축 원칙을 운용한" 것을 프랑스 원림으로, "그것들은 예전처럼 거대한 궁전에 근접해 있고, 수목은 규칙적으로 배열하고 가지런히 손질하여 대로를 형성했으며, 담장 역시 잘 손질된 울타리로 이루어져 있다. 이렇듯 그들은 대자연을 지붕이 뻥 뚫린 드넓은 건물처럼 개조했다"고 말한 바 있다.

중국 원림은 정반대다. 중국 원림의 기본적 성격은 회화성으로, 중국의 회화미술과 마찬가지로 한편으로는 정서를 표현하여 안으로 마음의 근원을 얻고中得心源, 다른 한편으로는 외부 대상의 묘사에 주의를 기울여 밖으로 조화로움을 배운다外師造化. 구불구불한 연못과 소로, 아름다운 돌로 쌓은 산봉우리와 계곡, 다채로운 건물 등은 감동적인 대자연의 일부를 보는 듯하다. 그러나 그것은 서양 예술이 이해하는 것과 달리 자연에 대한 단순한 모방이 아니다. 정교한 사상과 심오한 정신이 시시때때로 뒤섞여 그러한 인위적인 재창조물 안으로 녹아들기 때문이다. 이는 마치 4차원 공간의 입체적인 산수화를 연상시키며 산수시, 산수화의 발전과 밀접한 연관을 맺는다. 중국의 원림은 그것들과 마찬가지로 함축적이고 내향적이다.

서양의 원림이 추구하는 것은 형식적 아름다움에 불과하며, 깊이가 결핍되어 있다. 기하학적 원림은 프랑스 철학자 데카르트의 영향을 받았을 것이다. 그는 이성주의자로서 기하학적 해석법을 창조했고 대수代數의 '수'와 기하의 '형식'을 통일시키는 데 힘을 쏟았다.

베르사유궁이 건립된 연대는 베이징 자금성보다 늦다. 황제 지상의 권력을 부각시켰다는 점에서 양자는 서로 통하며, 이로 인해 베르사유궁은 유럽 각국의 궁전 양식에 커다란 영향을 미쳤다. 이후 미국의 워싱턴, 오스트레일리아의 캔버라 또한 도시계획과 건축에서 그 영향을 받았다.

1724년 표트르대제 만년에, 상트페테르부르크의 바다 근처 교외에 여름 궁전이 지어졌다.(페테르고프궁) 이 건축물은 기본적으로 프랑스 고전주의 양식을 따랐다. 궁 앞에는 베르사유 식의 기하학적 대화원이 있었고, 궁 뒷편과 험준한 해안 사이에는 겹겹의 폭포와 분수가 자리하고 있다.

이쯤에서 서양 원림을 몇 가지 더 예로 들어보면, 덴마크의 프레드릭스보그 대화원, 프랑스의 빌랑드리 정원, 독일의 헤렌호이저 융단

그림 06-13
상트페테르부르크 여름궁전의 분수.
출처 『세계불후건축대도전』

그림 06-14 덴마크 프레드릭스보그 대화원.
출처 『성과 보루 이야기』

그림 06-15 프랑스 빌랑드리 정원.
출처 『세계의 유명 정원』

그림 06-16 독일 헤렌호이저 융단식 화단.
출처 『세계의 유명 정원』

그림 06-17 이탈리아 피렌체 감베라이아 정원.
출처 『세계의 유명 정원』

식 화단, 이탈리아 피렌체의 감베라이아 정원 등을 들 수 있다.

한편 이슬람의 원림 또한 기하학적이다. 그들은 건축물 앞에 항상 커다란 정원을 꾸미고 종횡 축선과 잇닿은 열십자 모양의 수로를 냈다. 그리고 열십자 수로의 교차점에는 네모난 연못을 설치했다. 이슬람 원림 중 인도의 타지마할은 가장 높은 수준을 보여주는 전형적인 건축물이다.

7장

봉건 통치의 보루

—중국의 도시

만약 중국에서 역사가 오래된 도시를 걷는다면, 그 거리가 모두 정남정북 방향이거나 정동정서 방향임을 알 수 있을 것이다. 중국의 도시는 이렇듯 방위를 대단히 중시한다. 그 대표적인 사례는 바로 베이징이다. 베이징에 도시가 세워진 것은 3000년 전이고, 이곳이 수도의 기능을 갖춘 것은 850여 년 전이다. 중국의 3대 제국의 도읍 중(수당 시기의 장안, 원대의 대도, 그리고 명·청 시기의 베이징) 베이징이 두 개를 차지하고 있으며, 현재에도 중국의 수도로서 자리매김하고 있다. 한편 잘 알려진 지방 도시 중 시안西安, 선양沈陽 등과 중소형 지방 도시들 상당수도 베이징처럼 네모반듯한 골격을 지니고 있다.

그러나 일찍이 서구 조계지를 기초로 발전한 도시들 중에는 종종 도로가 불규칙하고 방향이 일정치 않아 오래 다녀도 도로망을 기억하기 어려운 경우가 있다. 상하이, 톈진, 우한 등이 이에 해당한다. 이 도시들은 모두 서양의 도시 구조에 따라 발전한 도시들이다.

미국의 건축가 에로 사리넨은 다음과 같이 말한 바 있다. "당신이 살고 있는 도시를 보면, 그 도시의 주민들이 어떤 문화를 추구하는지 알 수 있다." 그는 또 이렇게 말했다. "도시는 펼쳐진 책과 같다. 그 속에서 그의 포부를 볼 수 있기 때문이다." 도시의 면모 중 가장 우선시될 수 있는 것은 그 내부구조다. 그것은 문화와 긴밀하게 연관되어 있다.

1

당나라의 장안과
원나라의 대도

중국은 이미 2000년 전부터 도시의 가지런한 구조를 가장 우선시
했다. 멀게는 서주西周의 배도陪都와 이후 동주東周의 도성이 된 낙읍洛
邑 왕성에서 그러한 점이 분명히 드러난다. 낙읍 왕성은 춘추시대 말
엽에 지어졌고 서주 시대의 건축제도에 관해 서술한 『고공기考工記』에
명확하게 기술돼 있다. 도성에는 궁전이 있어야 했고, 도시 계획의 기
본 사상은 도시 내부 궁전의 지위를 두드러지게 하는 데 있었다.

『고공기』「장인匠人」에는 낙읍에 대해 이렇게 전한다. "수도는 정방
형으로 하고 가로와 세로를 각각 9리로 하며 동서남북에 세 개씩 문
을 세운다. 수도 안에는 동서와 남북으로 각각 9개의 도로를 낸다. 각
도로의 너비는 9대의 수레가 지나갈 수 있을 정도로 한다. 수도 좌측
은 종묘를 세우고 우측에는 제단을 세우며, 전면은 외조外朝와 가깝
고 후면은 궁시宮市로 통한다. 외조와 궁시는 모두 정방형 광장으로,

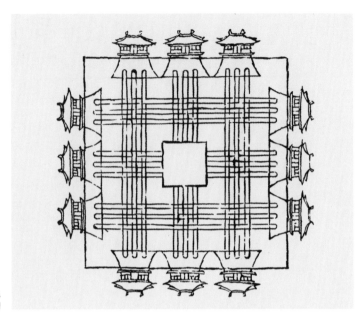

그림 07-01 「고공기」의 〈왕성도〉.
_송나라 섭숭의葉崇義 그림

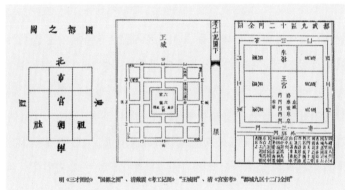

그림 07-02
고대 문헌에서 묘사한 낙읍왕성.
출처 「중국 미술 전집」

明 《三才圖繪》 "国都之図"、 清戴震 《考工記圖》 "王城図"、 清 《宮室考》 "都城九区十二丁全図"

한 변을 100보로 한다." 이렇듯 고대의 도시는 매우 가지런하고 반듯하며 중앙을 기준으로 서로 대칭된다.

지적해야 할 점은, 서주 시대 왕성의 기획이 춘추시대 이후 명·청의 베이징에 이르는 각 시대 도성 건설에 매우 중대한 영향을 미쳤다

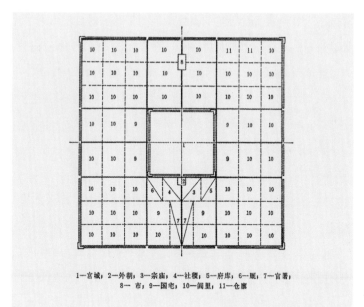

1—宮城, 2—外朝, 3—宗庙, 4—社稷, 5—府庫, 6—眠, 7—官署,
8—市, 9—国宅, 10—閭里, 11—仓廩

는 것이다. 다만 『고공기』가 쓰여진 뒤 오랫동안 유실됐다가 전한前漢
때에야 발견됐기 때문에, 그 책의 영향력은 후한後漢 이후부터 비로
소 발휘될 수 있었다.

동서양 건축 문화의 근본적 차이는 도시의 성질과 도시의 주인의
차이에서 기인한다. 중국 고대 도시는 줄곧 각급 전제 정권의 통치
거점으로서 존재했다. 반면 서구 중세의 도시는 상인에 의해 제어됐
고, 새로운 생산 방식을 탄생시켰다. 이에 관해서는 다음 장에서 다
시 설명하기로 하자.

수나라 장안은 개황開皇 3년인 583년에 건설됐고, 당나라가 이를 계
승했다. 당나라 장안의 곽성郭城은 동서가 9721미터, 남북이 8651.7미
터고 면적은 84평방킬로미터였으며, 인구는 100만에 달했다. 장안은
중국 고대 3대 수도 중 가장 컸고 당시 세계 최대의 도시이기도 했다.

궁성은 곽성 북쪽 정중앙에 위치했고 그 앞부분은 황성으로, 황성과 궁성의 전체 면적은 9.41평방킬로미터였다. 이는 오늘날 시안 성벽이 둘러싼 면적보다 약간 작다. 궁성은 세 구역의 궁전으로 이루어졌다. 중앙은 태극궁太極宮으로 세 궁전 중 가장 크며 조회가 열리는 정궁正宮이었다. 태극궁을 중심으로 동쪽에는 태자가 거주하는 동궁이 있고 서쪽에는 후궁과 궁인들이 거주하는 액정궁掖庭宮이 있는데, 두 궁은 대칭을 이룬다. 세 궁 정남쪽에는 황성 내 대로로 통하는 문이 있었다. 황성에는 주민이 살지 않았고, 국가 기관과 종묘사직이 설치돼 있었다. 궁성과 황성 남쪽 3면은 곽성을 포함한다. 곽성의 각 면에는 3개의 문이 나 있었다. 성 전체는 종축과 횡축으로 대로가 설치됐고, 동서로 두 개의 시장이 형성됐다. 종축 대로는 전체 성을 관통하며 궁성 진입 후 북쪽으로 뻗어 있다. 총 길이는 약 9000미터로 세계 도시의 역사에서 가장 긴 축선에 해당한다. 이렇듯 장안 3성의 전체 구도는 후한 시대 위나라 수도였던 업성鄴城 이래 수백 년 간 발전한 도시 설계 규율이 맺은 최후의 결실이었다.

성안에는 108개의 이방里坊을 가지런히 배열했고 사면에 방벽을 설치했으며 각 면 혹은 두 개 면에는 문을 냈다. 이방 내부에는 도로나 그보다 작은 골목이 있고 민가마다 골목을 향해 문이 나 있어, 실질적으로 큰 성 안에 작은 성들이 존재했다고 볼 수 있다. '방자방야坊者防也'라는 말은 통치자가 주민을 방비하기 위한 시책을 나타내는 말이다. 매년 음력 정월 보름을 포함한 3일간의 '금오불금金吾不禁'을 제외하면 매일 밤 통금을 시행했다. 한편 도시 횡축을 관통하는 동서 간선도로 남쪽에는 동서로 대칭을 이루는 두 개의 시장이 열렸고, 상점들은 방坊 안쪽으로 통하는 문이 있었다. 두 개의 시장과 황성은 '품品'자의 형태로 배치됐다. 대로에서는 방의 벽만을 볼 수 있

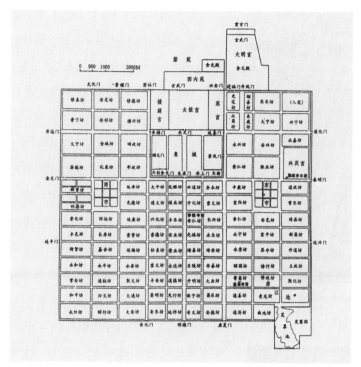

그림 07-04 당 장안 복원도.
출처 『중국 미술 통사』

었기에 엄숙하고 적막한 분위기를 자아냈다. 이는 송대 이래 상업이 발달한 도시들이 보여준 시끌벅적한 분위기와는 사뭇 달랐고, 중세 말 서양의 도시와도 매우 달랐다. 서양 도시의 도로망은 교회와 교회 광장을 중심으로 하는 고리 모양의 도로에서 방사형으로 뻗어나가거나 자유롭게 구부러지는 형태를 취했고, 주민들은 도로에 인접하여 거주하면서 도시 전역에 분포된 시장에서 자유롭게 상행위를 할 수 있었다.

당 중기 이후 상업지역은 보다 확대됐다. 두 개의 시장 주위, 대명궁 앞, 그리고 각 성문 주위에 공상업 지구가 생겨났다. 심지어 대명궁·황성과 동시東市 사이의 귀족 거주지인 숭인방崇仁坊에도 "사람이

그림 07-05 막고굴莫高窟 만당晩唐, 제9굴 벽화에 묘사된 삼도성문三道城門.
출처 「돈황건축연구」

그림 07-06 막고굴 성당盛唐 제148굴 벽화에 묘사된 성벽.
출처 「돈황건축연구」

모여들어 양시兩市를 따라 시장을 형성했다."(『장안지長安志』) 만당 시기에는 야시장이 출현하여 이방의 야간 통금 제도에도 영향을 미쳤다. 결국 이러한 추세는 북송시기의 이방제 철폐로 이어졌다.

곽성에서 황성을 거쳐 궁성에 이르기까지, 장안은 질서정연하게 조직된 한 폭의 거대한 그림처럼 보인다. 성벽은 낮은 성벽에서 높은 성벽으로, 구도는 느슨한 형태에서 촘촘한 형태로, 건물은 간소한 형태에서 웅장한 형태로, 색채는 묽은 색에서 짙은 색으로, 리듬은 완만한 리듬에서 빠른 리듬으로, 분위기는 소박한 분위기에서 장엄한 분위기로 점차 변화하여, 마침내 황제가 거주하는 태극궁이라는 가장 농밀한 지점으로 귀결된다. 성 안의 각 부분들은 모두 이 한 곳에서 뿜어져 나온 물안개나 달을 에워싸는 뭇 별들처럼 태극궁의 존재감을 더욱 부각시킨다. 이 한 폭의 거대한 그림 외부에는 곽성의 성벽을 둘러, 마치 정교하게 제작한 그림틀처럼 전체 그림을 마무리하고 중심부분과 호응하는 효과를 낳는다. 항토夯土 성벽 밖으로 돌출된 벽돌성벽 위에는 높은 목구조의 성루가 세워져 있는데, 그 형상, 색채, 기법은 가지런한 항토 성벽과 대비를 이루어 그림틀 위에 놓인

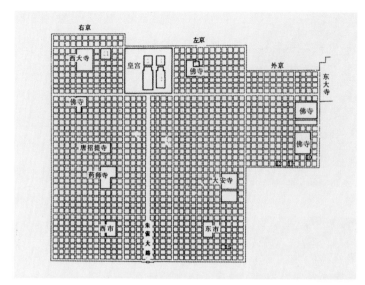

그림 07-07
일본 내량평성경 평면도.
_장스칭張十慶 그림

장식 같은 효과를 자아낸다. 그것들은 성 안의 높은 건축물들과 함께 풍부한 입체적 윤곽을 이룬다. 널따란 이방 구역은 상대적으로 평탄하지만 일정한 포인트를 주어 단조롭다는 인상을 해소했다. 예를 들어 성 안의 높은 건물 중 유명한 것으로는 자은사慈恩寺 탑과 서시 주변 연강방延康坊의 정법사靜法寺, 회덕방懷德坊의 혜일사慧日寺, 회원방懷遠坊 대운경사大雲經寺의 목탑과 고층 누각 등이다. 이처럼 성 안 각 방에 흩어진 100여 개에 달하는 불교와 도교 사원의 탑과 누대, 왕후의 저택 등은 선명한 색채, 거대한 크기, 돌출된 형태 등을 통해 수면 위에 핀 연꽃처럼 성 내에 생기를 더한다.

　당의 장안은 중국 내 여타 지역 도시와 한국, 일본 등 도시에 많은 영향을 미쳤다. 예를 들어 발해의 상경上京 용천부龍泉府와 동경東京 용원부龍遠府, 통일신라 시대의 신라 도성, 일본의 평성경平城京과 평안경平安京 등은 모두 장안을 모범으로 삼았다. 당나라 승려였던 총선從諗은

그림 07-08 〈청명상하도〉 속의 변량 성문. _송 장택단張擇端의 〈청명상하도〉

그림 07-09 〈청명상하도〉 속의 홍교. _장택단의 〈청명상하도〉

그림 07-10 원나라 대도의 조감도.

"큰길은 장안으로 통한다"는 말이 틀리지 않다고 말한 바 있다.

그러나 당나라 장안의 상업과 상인들은 많은 제한을 겪었다. 장안의 상업지역은 동서시東西市에 집중됐고 밤이 되면 영업을 할 수 없었다. 송 대에 변량卞梁이 수도가 된 뒤, 상품 경제의 발전에 따라 점차 이방제와 통금이 불가능해져, 결국 965년에 폐지되고 이방의 방벽도 철거됐다. 이때부터 상가와 거주지는 큰 길에 면하여 문을 낼 수 있어 번화한 상업지역을 형성할 수 있게 됐다. 북송 후기 변량의 인구가 급증하여 장안보다 절반이나 많은 150만~170만 명에 이르렀다. 하지만 변량의 면적은 장안보다 약간 큰 수준이어서, 많은 민가에 좁은 도로로 매우 번화한 모습을 나타냈다. 이는 〈청명상하도淸明上河圖〉나 『동경몽화록東京夢華錄』에도 생동감 있게 묘사되어 있다.

원나라의 통치자는 사막 북쪽에서 활동하던 몽고인이었다. 원세조元世祖는 지원至元 8년(1271) 원나라를 건립하고 정치의 중심을 남쪽으로 이동하기로 결정한다. 그는 금나라 중도中都의 옛 성 동북쪽에 위치한 경화도瓊華島(북해北海) 일대에 금나라 이궁離宮을 중심으로 새로운 성을 건설한다. 이 성은 1272년 완성됐고 대도大

都라 불렸다.

대도는 화북 평원 북단, '베이징 만北京灣'이라 불리는 지역에 세워졌다. 서쪽으로는 태항산太行山이 있고 북쪽으로는 연산燕山이 가로놓여 있으며, 남쪽으로는 하락河洛으로 직접 통하고 수천 리 안쪽으로는 일망무제의 평원이어서 교통이 편리하다. 북으로는 연산 장성의 험준한 요도要道를 통해 요동遼東, 삭북朔北, 막북漠北, 서북 지역으로 이어진다. 베이징은 남북 교통을 잇는 핵심 지역으로, 중원 문화, 초원 문화 그리고 동북 문화가 여기서 만나 오랫동안 다원적인 색깔을 지녀왔다. 옛사람들은 종종 "유주幽州 지역은 좌측으로 푸른 바다가 둘러싸고, 우측으로 태항이 있으며, 북으로는 거용居庸이, 남으로는 황하黃河와 제수濟水가 있으니, 하늘이 내린 도읍이라 할 만하다"라고 말하곤 했다.

원의 대도 역시 앞선 도시 계획에 따라 구도가 가지런하고 규모가 방대했으며 건축물은 장려했다. 계획자는 한족의 유학자인 유병충劉秉忠이었다. 유학의 "화하 문명으로 오랑캐를 변화시킨다用夏變夷"는 사상에 의거하여, 『고공기』에 적힌 주나라 왕성의 계획 원칙에 따라 도시를 건설했다는 점이 원 대도의 가장 큰 특징이다. 그 실체는 선진적인 중원문화로 유목적 경제와 군사적 약탈 위에 성립된 몽고 귀족의 통치방식에 영향을 미치고 그것을 개조하는 것이었다. 유병충은 늘 "전장典章의 예악과 법도, 삼강오상三綱五常의 가르침은 요순 시대에 갖춰졌습니다. (…) 주공周公의 이야기를 떠올려 오늘날 그것을 행하면 1000년 역사의 짧은 시간도 낭비하지 않을 것입니다"라고 말하며 세조를 권면했다.

대도는 규모가 대단히 컸다. 동서로 6700미터, 남북으로 7600미터에 달했고, 기본적으로 사각형 모양으로 요遼나라의 남경南京이나 금나라의 중도(현재 베이징의 서남쪽 일대)보다 훨씬 큰 규모였으며 북송 변량의 규모도 능가할 정도였다. 대도는 대략 당나라 동도東都였던 낙양의 크기와 엇비슷했다. 대도의 동쪽과 서쪽 성벽은 각각 이후 명·청 시대 베이징 내성의 동서 성벽과 일직선상에 위치해 있었고, 남쪽 성벽은 베이징 내성의 남쪽 벽보다 북쪽으로 2리 정도 이격되어 있었다. 그리고 북쪽 성벽은 북경 내성의 북쪽 벽보다 북쪽으로 5리 정도 떨어져 있었다. 성 북면에는 두 개의 문이, 기타 삼면에는 세 개의 문이 설치됐고, 정문은 여정문麗正門이라 불렸다. 각각의 문에는 대로가 나 있는데, 궁전 구역과 성 안 호수에 의해 잘린 것을 제외하면 각 대로는 종횡으로 서로 상통하며 기본적으로 동서 각각 9개로 이루어졌다. 또 두 개의 문 사이와 성 안 둘레에도 각각 대로가 설치돼 있다. 성벽은 모두 항토로 돼 있고 마면馬面이 있으며 네 가장자리에는 각루角樓가 세워졌다. 한편 비를 막기 위해 성벽에는 일찍이 갈대나 띠풀로 만든 거적을 사용했기 때문에 이를 '초점토축草苫土築'이라 불렀다. 원말에는 모든 성문 밖에 옹성을 설치했다. 황성은 성안 남쪽에 위치했는데, 그 정문을 가리켜 영성문欞星門이라 불렀다. 황성 내, 전체 성의 중앙 축선(이는 명·청시대 베이징의 중심축선과 동일하다) 위에 궁성이 위치했는데, 이를 대내大內라 이름했고 그 정문을 숭천문崇天門이라 불렀다. 황성 북쪽 고루鼓樓 일대는 가장 큰 시장이 있었다. 그리고 황성 밖 좌우측, 즉 도성 동서쪽 성문인 제화문齊化門과 평칙문平則門 안에는 각각 태묘太廟와 사직단社稷壇이 있었다. 이것들은 명확히 『고공기』에 적힌 규칙에 부합한다. 전체적으로 말해, 중국 도시의 역사에서 대도는 『고공기』가 제시한 이상적 도시에 가장 부합했다.

『고공기』의 내용은 형식상의 의의에 그치지 않는다. 거기에는 도시 예술에 반영된 중국 봉건사회 최고 통치자의 미학적 이상이 내

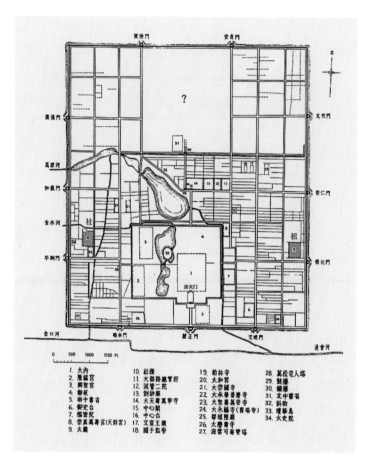

1. 大內	10. 社稷	19. 柏林寺	28. 萬松老人塔
2. 隆福宮	11. 大都路總管府	20. 太和宮	29. 鼓樓
3. 興聖宮	12. 迴營二瓦	21. 大崇國寺	30. 鐘樓
4. 御苑	13. 劉秒庫	22. 大永華慶寺	31. 北中書省
5. 兩中書省	14. 大天壽萬寧寺	23. 大聖壽萬安寺	32. 斜街
6. 御史台	15. 中心閣	24. 大永福宮(靑塔寺)	33. 瓊華島
7. 樞密院	16. 中心台	25. 琴娘院	34. 太史院
8. 崇眞萬壽宮(天師宮)	17. 文宣王廟	26. 太慶壽寺	
9. 太廟	18. 國子監學	27. 潛雲可養寶塔	

그림 07-11
원나라 대도의 복원 평면도.
출처 「중국 고대 건축사」

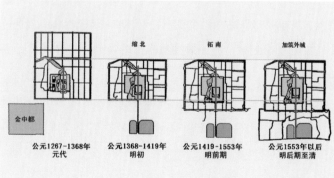

金中都

公元1267-1368年	缩北	拓南	加筑外城
公元1267-1368年	公元1368-1419年	公元1419-1553年	公元1553年以后
元代	明初	明前期	明后期至清

그림 07-12
원대에서 청대까지 베이징성 담장의
변천. _샤오모 그림

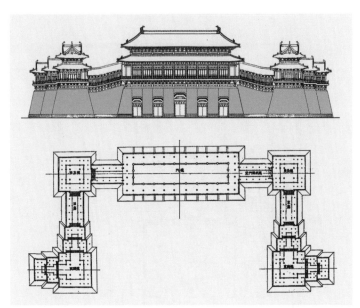

그림 07-13 원 대도의 숭천문.
_푸시셴이 복원하여 그림

재해 있었다. 네모반듯한 도시의 외랑外廊, 성의 남북을 관통하는 중
심축선을 대칭축으로 하는 동서 대칭 구조, 성 전체의 중심 축선 위
에 위치한 황궁의 도드라진 지위, 종횡으로 엄격하게 교차하는 도로
망, 그리고 궁전을 보조하는 좌측의 '조祖'와 우측의 '사社' 등, 이 모든
것은 황권을 지상으로 하는 엄격한 종법 윤리와 정치 관념을 내포한
다. 통치자가 추구하는 합리적 질서는 여기에서 직접적으로 작용하
며, 그들이 이상으로 삼는 사회 모델은 그와 같은 현실 속에서 표현
된다.

대도의 서남쪽에는 금나라 중도의 폐허가 남아 있다. 옛 성을 피하
기 위해 대도의 남쪽 벽은 금나라 중도의 북쪽 벽 이북에 위치해야
했으므로, 황성은 성안 남쪽으로 치우칠 수밖에 없었다.

대도의 11개 성문 전체에는 성루가 설치됐고, 성 외에는 옹성이 세

위졌다. 그것들은 각루, 성벽과 함께 성 외부의 입체 윤곽을 풍부하게 해주었다. 성안 중심에는 중심대가 있고 약간 서쪽에 고루가, 북쪽에는 종루가 있다. 중심대에서 동쪽으로 향하는 대로는 외성의 동쪽 면 중문인 숭인문과 마주한다. 고루와 종루는 크고 높아, "큰길 사이에 두고 누각의 아치가 서 있고, 북 치는 소리 온 성안에 가득하네"(장헌張憲, 「등제정루登齊政樓」 『옥사집玉笥集』 9권)라는 말이 있을 정도다. 이러한 거대한 건축물은 주요 도로와 요지에 질서 있게 건설되어, 대로大路의 대경對景이자 각 구역을 통솔하는 중심 구도로서 성 전체를 유기적인 예술적 총체로 꾸며준다. 성의 중심 도로들이 만나는 곳에 종루나 고루를 배치하는 것은 이후 명·청 시대 화북 지역의 많은 도시들이 취하는 보편적 형식이 됐다.

대도의 도로는 남북 방향을 위주로 한다. 큰 도로나 작은 도로들 사이사이에는 동서 방향의 골목들을 질서정연하게 배치했는데, 현재 베이징의 옛 도성 지역에서도 그 자취를 엿볼 수 있다.

원나라 시기와 동시대에 유럽은 여전히 봉건 분열의 국면에 처해 있었기 때문에 대도와 같은 남다른 기품을 지닌 거대 도시가 출현할 수 없었다. 마르코 폴로는 대도를 두고 "그 지극한 아름다움은 이루 말할 수 없다"고 표현한 바 있다. 그는 "어느 도로를 보나 매우 곧고 단정하여, 이쪽 문에서 도로를 따라 멀리 저쪽 문을 볼 수 있었다. 성 안에는 장엄한 궁전이 세워져 있고 아름다운 저택도 매우 많았다" "큰길 양쪽에는 갖가지 상점이 있다. 도시 전체는 사각형으로 획선들이 가지런하고 건물들과 가옥들이 들어선 네모난 땅 주위에는 사람들이 오고가는 멋진 도로들이 놓여 있었다"라고 말한다. 그와 동시대인이었던 황문중黃文仲은 『대도부大都賦』에서 "성안에는 큰길이 서로 교차하고 작은 골목들이 어지러이 나 있다. 큰길은 100마리 말이 다닐 만하며, 작은 길은 여덟 대 수레가 다닐 만하다. 도로의 동쪽에서 서쪽을 보는 것이 마치 부처를 바라보며 말씀을 아뢰는 듯하고, 성의 남쪽에서 북쪽으로 걸으면 여명이 황혼으로 기운다"라고 읊조렸다.

중국 건축물은 남향을 따른다. 입구는 가급적 남쪽은 개방하고 북쪽은 폐쇄하여 방벽으로 삼는다. 대도의 북쪽 성벽에 중문을 내지 않은 것은 아마도 환경 심리와 관련이 있어 보인다. 즉 그러한 심리는 북쪽 성벽 정중앙을 폐쇄하여 제왕의 기운이 유실되는 것을 막아야 한다는 '왕기王氣'설을 낳았다. 때문에 대도의 설계는 『고공기』에 서술된 원칙을 따르긴 했지만, 당시의 조건과 필요에 근거하여 융통성을 보여주기도 했다.

성 안에 풍부한 수경水景이 있다는 점도 대도의 특징 중 하나다. 대도가 세워지기 전에도 이곳에는 자연호수들이 존재했다. 서북의 산중에서 흘러나온 고량하高粱河가 모여 적수담積水潭과 해자海子(현재의 지수이탄과 스차하이什剎海로, 면적은 현재보다 컸다)를 이루었고, 더 남쪽으로 흘러 태액지太液池(현재의 베이하이北海, 중하이中海와 난하이南海는 그 시기에 아직 개척되지 않았다)를 형성했다. 금나라 이궁은 바로 이 태액지 구역에 위치해 있었다. 대도의 설계자는 북방에서 얻기 힘든 수경을 성공적으로 이용하여 도시의 구도 안에 그것을 배치했고, 특히 태액지는 황성 안에, 그리고 적수담과 해자는 대성大城 안에 포함시켰다. 원대의 유명한 과학자 곽수경郭守敬은 백부천白浮泉의 물을 성안으로 끌어들여 적수담과 해자의 수량을 증가시켜 이것들을 통혜하通惠河와 연결시켰다. 통혜하는 해자로부터 동남쪽으로 흐르며 황성 동쪽을 따라 남하한 뒤 성을 빠져나가 다시 동쪽의 통주通州로 흘러 남북 대운하와 만난다. 장쑤江蘇나 저장浙江에서 출발한 큰 배들은 바로 통혜하를 통해 대도로 들어와 해자에 정박할 수 있었다. 따라서 해자 동안의 고루와 북안의 사가斜街 일중방日中坊 일대는 많은 공연장과 주점이 있었고, 각종 상품을 파는 시장이 형성되어 매우 번화했다. 해자 주위에는 다수의 원림과 도·불교 사원들이 있었는데, 전하는 말로는 그곳에 10여 개의 유명 사찰이 있었다고 한다. 해자를 다른 말로 스차하이라 부른 까닭도 거기에 있다.

2

명·청시대의 베이징

베이징성은 원나라 대도의 기초 위에서 개조된 것이다. 자금성의 터는 이미 철거된 대도 궁전의 옛 터였다. 다만 자금성은 원나라 궁에 비해 약간 남쪽으로 이동했고, 대도의 북쪽 벽과 남쪽 벽 또한 남쪽으로 이동했다. 베이징성 전체는 가로로 약간 긴 사각형 모양으로, 동서는 6650미터, 남북은 5350미터에 달했다. 네 면의 성벽은 벽돌로 이루어졌고 아홉 개의 성문이 있었으며, 각 문 밖에는 옹성이 설치됐다. 성문 위에는 두 개의 층과 세 개의 처마로 이루어진 거대한 성루가 세워졌다. 옹성 위에는 4층의 전루箭樓가 있다. 이 전루는 4층으로 되어 있고 커다란 벽돌로 이루어져 대단히 웅장하면서도 견실하다. 베이징의 동남쪽과 서남쪽 모퉁이의 성벽에는 커다란 기역자형 평면의 각루가 서 있는데, 이 또한 4층에 벽돌로 지어졌다. 그중현재까지 보존되고 있는 것은 남쪽 성벽 정중앙의 정양문正陽門과 그

옹성의 전루, 북쪽 성벽 서단의 덕승문德勝門 옹성 전루, 동남쪽 각루 등에 불과하다.

자금성은 도성 중앙 축선의 가운데 세워져 있다. 자금성의 북쪽 가까운 곳에는 원나라 궁을 철거할 때 나온 흙과 자금성 호성하護城河의 흙을 쌓아서 만든 높이 약 50미터의 산이 있는데, 이를 진산鎭山 혹은 경산景山이라 부른다. 이 산은 원나라 왕조의 기운을 억누르고 아름다운 경관을 창출한다는 의미를 지닌다. 바로 산 밑에 원대의 연춘궁延春宮이 묻혀 있다. 경산 북쪽 중앙 축선과 만나는 곳에는 고루와 종루가 있어 경산과 멀찍이 마주보는 형태를 취한다.

명대에는 베이징의 방위를 강화할 목적으로 외곽성을 세우려 했다. 외곽성은 우선 주민이 비교적 많은 남쪽에서부터 건설하기 시작했다. 그런데 다른 3면이 이후에 건설되지 못하면서 베이징 전체가 결국 '철凸'자 형태를 띠게 됐다. 남쪽에 새로 세운 성벽은 외성이라 불렀고, 이로써 원래 있던 성을 내성이라 부르게 됐다. 외성 남쪽에는 천단天壇이, 북쪽에는 지단地壇이 있고, 내성 동서로는 각각 일단日壇과 월단月壇이 있어, 성 외곽의 네 개의 포인트를 형성하면서 가운데 있는 황성과 궁성을 둘러싼다. 태묘太廟와 사직단社稷壇은 궁성의 정문인 오문午門 좌우에 황궁과 가깝게 설치되어 있다. 황제는 매년 동지, 하지, 춘분과 추분에 각각 천, 지, 일, 월의 네 개의 단에서 제사를 거행했다. 천지일월, 춘하추동, 동서남북 등의 짝은 중국 고대인이 지녔던 천인합일의 관념을 나타내준다.

남쪽으로 외성을 확장함에 따라, 성 전체의 중앙 축선이 7.5킬로미터로 길어졌다. 축선의 연장으로 남쪽에서 북쪽에 이르는 전체 성의 구도 역시 삼분할이 가능해졌다. 첫 번째 단계는 외성 남쪽 벽 정중앙의 영정문永定門에서 정양문正陽門까지로, 세 단계 중 가장 길고 건

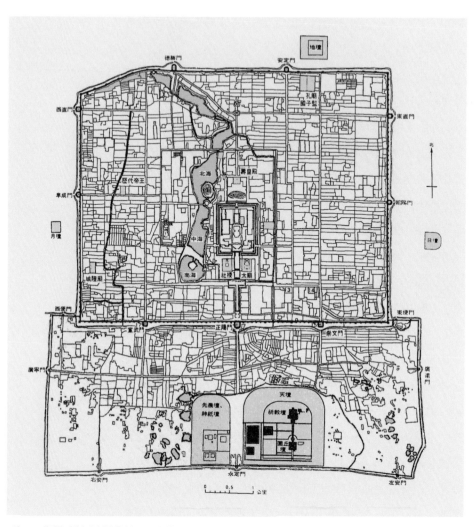

그림 07-14 청 건륭 시대의 베이징성. 출처 『중국 고대 건축사』

물들의 간격도 가장 느슨하여 일종의 서곡에 해당하는 부분이라 할 수 있다. 두 번째 단계는 정양문에서 경산까지로, 궁전 앞 광장과 궁전 전체를 관통하며, 거리는 비교적 짧지만 건물들의 밀도가 가장 높

기 때문에 클라이맥스에 해당한다고 할 수 있다. 세 번째 단계는 경
산에서 종루와 구루까지로 거리가 가장 짧고 전체 구도를 수습하는

그림 07-17 정양문. _샤오모 촬영

그림 07-18 구루와 종루. _가오훙高弘 촬영

에필로그라 할 수 있다. 유럽인들이 건축을 응고된 음악이라 칭하는 것처럼, 자금성의 각 단계들은 서곡, 클라이맥스, 에필로그로 이루어진 교향곡의 세 개의 악장에 비교할 수 있으며, 거리가 가까운 종루와 구루는 전체 연주 말미의 화음을 구성한다고 말할 수 있다. 한편 북쪽의 덕승문, 안정문의 성루는 아득한 지평선을 향해 기운을 발산함으로써, 마치 곡이 끝난 후 여운이 채 가시지 않았을 그때 멀리서 들려오는 반향을 연상시킨다. 이 곡조의 '주선율' 주위에서는 거대한 성벽, 우뚝 솟은 성루, 엄정한 가도와 천지일월의 사단 등의 '화음'이 어우러진다. 이렇듯 베이징성 전체는 고도의 유기적 조합을 이루어, 감미로운 음악이나 장엄한 서사시처럼 전 세계의 빼어난 예술작품들과 어깨를 나란히 하고 있다.

베이징성의 예술성은 중국인 특유의 색채 처리에서도 잘 나타난다. 중앙 축선 상의 클라이맥스인 자금성은 화려한 금황색 유리 기와를 주로 사용했다. 이러한 기와는 묵직한 암홍색 벽면과 순정한 백색 돌단 및 돌난간의 도움을 받아 빛을 발한다. 네 곳에 흩어져 있는 제단의 색채는 그것과 기본적으로 일치하여 멀리서 서로 호응한다. 성루와 널따란 민간인 거주 지역은 모두 회색 기와와 벽으로 되어 있어 궁전 지역과 대조를 이룬다. 한편 그것들은 모두 녹지 안에 통일을 이루어 하나의 아름다운 화폭을 구성한다. 영국인 에드먼드 베이컨은 『도시의 설계』에서 이렇게 말한다. "아마 지구상에서 가장 위대한 인류의 작품 하나를 꼽자면 베이징을 들 수 있을 것이다. 이 중국 도시는 황제의 거주지로 설계됐고, 세계의 중심을 나타내려는 의도를 내포하고 있다. (…) 설계에 있어 베이징은 매우 찬란하고 빼어나다. 이 도시는 오늘날 도시 설계에 있어 대단히 풍부한 아이디어의 원천이 되고 있다."

3 　 지방 도시

중국에서 도시는 사람들의 거주 지역일 뿐 아니라 전제 황실 조정이 각 지역에 관료를 파견한 통치의 중심이기도 했다. 이는 중세 서양에서 형성되기 시작한 상공업 도시와 다른 본질적인 차이점이다. 정권 강화를 위해 각 지방 도시들도 보편적으로 따르는 모델을 구축했다. 특히 북방 평원 지역 도시들은 아주 전형적인 사례를 보여준다. 일반적으로 도시의 외곽은 네모반듯했고, 세로 축선은 정확히 남북 방향을 취했다. 도시 네 면에 각각 하나의 문을 설치했고 두 문을 가로지르는 간선도로는 열십자 모양을 형성했다. 그리고 간선도로의 교차점 부근에는 중심 사당을 세웠다. 명나라 만력萬曆 연간, 여진족이 각 부락을 통일하고 누르하치가 대금大金(후금後金이라고도 불림)을 세워 천명天命 10년(1625) 선양으로 천도하면서 궁전을 건축했다. 궁전 내 세로 축선 남단, 도로 동편에는 팔각형 모양의 대정전大政殿을 세

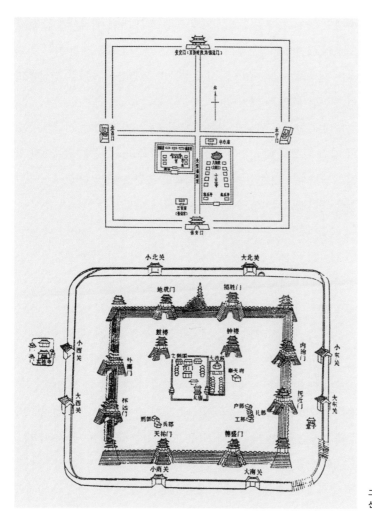

그림 07-19 선양성 및 후금 궁전 개
선 전후. 출처 『중국건축예술사』

웠고, 도로 서편에는 조정과 침궁을 앞뒤로 배치했다. 궁전 지역은 완
정하지도 두드러지지도 않았고, 도로에 의해 분리됐다. 황태극皇太極
(숭덕제) 시기에는 도시의 이름을 성경盛京이라 바꾸고 도시를 개조했
다. 성곽 각 면에는 두 개의 문을 설치해 도로망을 '정#'자 형태로 구

축했고, 궁전 지역을 우물 정자의 중심 격자 안에 위치시켜 남쪽 횡도로와 대면하게 함으로써 원래 가지고 있던 문제를 해결했다. 그 뒤로는 원래의 성 밖 주위로 사각 형태의 외곽성을 추가로 건설했고, 각 면마다 문을 두 개씩 냈다.

명대 시안성은 원나라 시기에 봉원로奉元路라 불렸다. 시안성은 수당 장안 황성의 폐허 위에 건설됐는데, 남쪽 벽과 서쪽 벽은 이전 황성의 남벽과 서벽이었다. 도시의 이름을 봉원로에서 시안으로 변경한 것은 명나라 초(1370) 주원장朱元璋이 둘째 아들인 주상朱爽을 진왕秦王에 봉할 때였다. 성 안에 건설된 대규모의 진왕부는 원나라 때 놓였던 십자형 간선도로의 동북쪽에 위치했다. 왕부가 한쪽 모퉁이 협소한 곳에 치우치지 않도록, 원나라 때의 동쪽 성벽과 북쪽 성벽을 바깥쪽으로 이동시켰다. 구루는 열십자 간선도로의 교차점 부근, 서쪽 대로의 북편에 위치했다. 종로도 원래는 서쪽 대로에 있었지만 나중에 열십자 교차점으로 옮겨졌다. 시안의 성루, 옹성 위에는 전루가 설치되어 베이징과 비슷한 모습을 구현했다. 또한 각루와 성 밖으로 돌출된 마면馬面과 호성도 있었는데, 도시 전체의 "크고 위엄 있으며 듬직한 모습은, 연경燕京 외에는 어디서도 자주 볼 수 없는" 것이었다.

시안의 종루는 그 형태가 장중하면서도 안정적이며, 각 성루와 전루 등과 좋은 짝을 이룬다. 더욱이 높이 솟은 각루는 풍부한 입체적 윤곽을 형성한다. 종루는 평시에 통금을 알리는 역할을 했고, 전시에는 각 문 수비대들을 지휘하는 중앙관제탑의 역할을 수행했다.

시안의 구조는 대표성을 띠고 있다. 간쑤甘肅의 주취안酒泉, 산시의 다퉁大同, 랴오닝遼寧의 싱청興城 등 북방의 많은 중소형 도시가 시안의 구조와 유사하다. 또한 장쑤江蘇의 난퉁南通, 간쑤의 란저우蘭州, 산둥山東의 라이우萊蕪, 산시의 타이구太谷와 핑야오平遙 등은 시안의 구조를

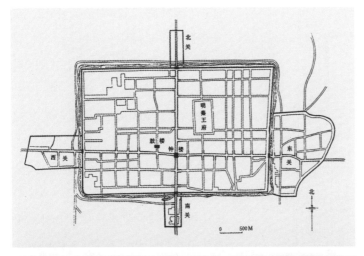

그림 07-20 명·청시대의 시안.
출처 「중국 고대 건축사」

그림 07-21 시안의 종루.
_샤오모 촬영

조금 손본 형태다.

중국 고대도시의 구도는 깊은 문화적 함의를 지닌다. 중국은 기원
전 221년 진시황이 분봉제를 군현제로 바꾸어 고도의 전제 중앙집
권제를 실시한 후, 지방의 왕이나 변경의 군사 세력, 종교, 상공업, 민

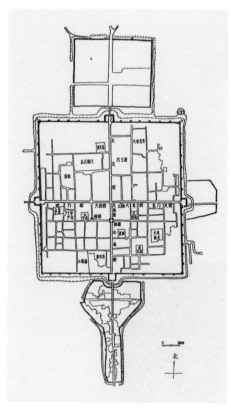

그림 07-22 산시 다퉁. 출처 「중국 도시 건설사」

간조직, 심지어는 민간의 풍습 따위조차도 왕권에 영향을 미치는 것을 용납하지 않았다. 2000여 년간 "대대로 모두 진나라의 제도를 따라" 각 지역 왕은 기본적으로 '봉이불건封而不建'하여, 자신의 봉토 안에서 제한적인 통치권을 가질 뿐 주권을 가질 수 없었고, 심지어는 각급 지방 관료들의 감시 대상이 되기도 했다. 황제에게 임명된 각급 관료들의 최종 충성 대상은 황제지 왕이 아니었다. "광대한 하늘 아래 군주의 땅 아닌 곳이 없고, 온 땅에 구석구석 군주의 신하가 아닌 사람이 없다"는 말처럼, 도성에서 각 지방 도시에 이르기까지 모든 도시는 황제의 통치 권위와 그가 파견한 대표들이 시행하는 전제 정치의 거점이자 상징물이었다. 도시의 주인은 봉건 정치의 최고 통치자인 황제이거나 정권을 대표하는 각급 관료였다. 그리고 도시는 봉건제도의 강력한 보루였다. 반면 상공업자들은 '시정소인市井小人'으로 불릴 만큼 신분이 미천하고 독립적인 지위를 갖지 못했으며 경제 활동에 많은 제약을 받았다. 그러나 그들은 상당 부분 봉건주의 물질 소비의 요구에 직접적으로 이바지하는 성격을 지니고 있었다. 이런 요소들은 모두 도시의 면모에 반영돼, 일찍이 주나라 때 실현된 가지런하고 대칭적인 구도, 왕궁이나 지방 관청의 중앙 배치, 종횡의 축선, 네모반듯하고 엄정한 형태 등이 도시 건축에 점차 채택된다. 이러한 형태는 형식미의 의의뿐만

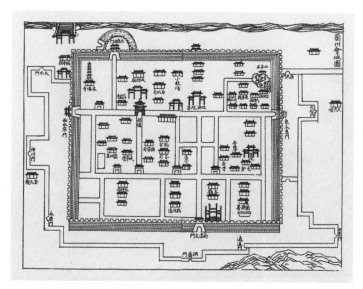

그림 07-23
청대 〈난주회성도蘭州會城圖〉.
출처 『흠정사고전서欽定四庫全書』

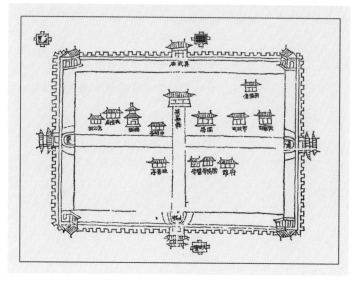

그림 07-24
명대 내무현성萊蕪縣城.
출처 명나라 가정嘉靖
『내무현지萊蕪縣志』

그림 07-25 쓰촨 낭중閬中 화광루華光樓. _샤오모 촬영

그림 07-26 산시 핑야오의 시루市樓. _쉬이거許一餅 촬영

아니라, 그보다 더 황권 전제 제도의 질서와 권위를 나타낸다.

중국 고대 도시의 이러한 구조는 현재도 각 지역에 눈에 띄는 자취를 남겨놓았다.

8장

자본주의의 온상

―서양 도시

서양 도시의 역사는 매우 오래됐다. 메소포타미아 유역의 바빌론, 그리스의 아테네, 이탈리아 반도의 로마 등이 그 예다. 그러나 대부분의 도시는 자연발생적으로 생겨났고 계획이랄 만한 것이 없었다. 중국의 기준에서 보면, 서양의 도시는 이를 데 없이 어수선하다.

'암흑 시대'라 불리는 기독교 시대 초기, 유럽에서는 고대 그리스와 로마인들의 인본주의를 특징으로 하는 고전 문화가 철기병에 의해 폐허화됐고, 기독교 신학이 문화 전체를 지배함으로써 학문과 예술은 매우 곤란한 지경에 빠져들었다. 그러나 사회는 여전히 발전했다. 봉건제의 생산방식은 노예제에 비해 진보한 것이었다. 또한 서유럽 건축 또한 일정한 성취를 거두었다. 초기 기독교 건축과 앞서 '전기 고딕 시기'라 불렸던 10~12세기의 건축이 그 예다. 전기 고딕 시기에 도시는 맹아를 터뜨렸다. 중세 말의 '고딕 시기'인 12~15세기까지 유럽에는 위대한 교회당이 출현했는데, 이는 중세 전체를 통틀어 가장 칭송할 만한 예술적 성취였다. 한편 이 시기는 도시가 발전했던 시기였다. 고딕 시기의 성취는 오랫동안 저평가되어왔지만, 최근 수십 년 사이에 재발견이 이루어져 높게 평가되고 있다.

1

서양 중세의
네 가지 역량

유럽 중세의 사회사는 중국보다 복잡하다. 중국에서는 유아독존, 일통천하의 황권이 모든 것을 통제하여, 큰 틀에서 보면 사회가 상대적으로 안정됐고 국가와 백성도 평화로웠다. 그러나 유럽의 중세 말은 네 가지 상호불가침적인 권력이 존재했다. 그것은 바로 '교회' '국왕' '영주' '상공업 도시'를 말한다. 그것들은 서로 끊임없이 각축을 벌이면서 동시에 서로를 이용했으며, 사회와 역사를 상당히 복잡하게 만들었다. 제한된 편폭으로 그 시대의 윤곽을 묘사하는 일은 결코 쉽지 않다.

네 가지 역량 중 우세를 점했던 것은 교회였다. 중세의 철학, 정치학, 법학 중 교회의 엄격한 제한을 받지 않은 것은 없었다. 기독교 신학은 전체 사회의 "총체성 이론이었고, 모든 것을 포괄하는 강령"이었다. 교회는 사회의 중심이었다. 서기 756년 프랑스 국왕이었던 단

신왕短身王 피핀이 로마 대주교에게 땅을 바침에 따라 이탈리아에 '교황령'이 형성됐고 교황제가 정식으로 탄생했다. 교황은 자신의 유래를 밝히기 위해 서기 1세기 로마에서 선교했던 예수의 수제자 베드로를 로마의 첫 번째 교황으로 삼았다. 이로 인해 '교황'은 '성 베드로의 계승자'로 불린 것이다.(1243년 로마 교황청은 프랑스의 아비뇽으로 이동했고, 1377년에는 다시 로마로 돌아왔다.)

12세기 말에서 13세기까지 교황의 세력은 정점에 이르렀다. 1198년 교황 인노켄티우스 3세는 이렇게 말한 바 있다. "교권은 태양이다. 왕권은 달이다. 왕은 각자의 왕국을 통치하지만, 베드로는 전세계를 통치한다." "군주가 진흙을 다스린다면, 성직자는 영혼을 다스린다. 영혼의 가치는 진흙보다 훨씬 크다. 따라서 성직자의 가치 또한 군왕보다 더 크다." 교회가 소유했던 수많은 땅은 귀족이 소유한 것보다 훨씬 컸다. 이는 교회가 지식의 측면에서 귀족보다 우월했던 것과 마찬가지였다. 종교 정신의 그늘 아래에서 예술과 과학은 이단으로 취급됐다. 로마 교황청 종교재판소의 엄중한 박해를 받았던 갈릴레이에게 과학 연구는 더 이상 허용되지 않았다.

천주교의 고해성사 제도는 모든 사람으로 하여금 비밀을 말하게 했다. 고해에는 세 가지 층위가 있었다. 첫 번째는 참회로, 신도의 자존심을 철저하게 무너뜨리는 것이었다. 다음은 죄의 고백으로, 죄를 유발한 원인을 찾고 누구의 사주나 영향을 받았는지를 밝히는 것이었다. 마지막은 보속補贖이다. 행위로써 주의 용서를 구하려 하는 것은 고백의 적극적인 형태가 될 수 있다. 종교재판소는 교도들이 매년 부활절 전 6일 이내에 고해성사를 해야 한다는 규정을 갖고 있었다. 따라서 부활절 전야만 되면 사람들은 안절부절 못하며 문 두드리는 소리를 몹시 두려워했다. 왜냐하면 고해의 거대한 폭풍이 이때 가장 창궐하는데, 문을 열었을 때 아무도 자신이 살아 돌아올 수 있을지를 장담할 수 없기 때문이다.

수백 년 간 종교재판소의 희생자 수는 보수적으로 계산하더라도 수백 만 명 이상이었다. 14세기 중엽 유럽 전체의 인구는 6000만에서 8000만 사이였다.

유럽의 국왕과 영주의 관계는 중국의 황제와 왕들의 관계와 크게 달랐다. 5세기에 로마를 정복한 북방 야만족들은 아직 후기 씨족사회에 놓여 있었고, 문화적으로 낙후돼 있었다. 그 가운데 군사 귀족들은 '낫 놓고 기역 자도 모르'던 약탈적 비적이었다. 새로운 땅을 강탈한 그들이 노예를 포함한 농민들을 예속농으로 만듦으로써, '떠돌던 도적'들은 이제 '정착한 도적'이 됐다. 그들은 자신의 지위를 강화하기 위한 제도를 시급하게 수립하고자 했다. 이러한 군사 귀족은 씨족 수장 선거라는 군사 민주의 방식으로 탄생했다. 그러나 그러한 선거나 즉위의 의례나 할 것 없이, 모두 자신의 권위를 세워 커다란 국토를 지배하는 데에는 충분치 못했다. 이때 새로운 정권의 지지를 필요로 했던 기독교가 '왕권신수'의 관념을 제시함으로써 그들의 요구에 부응했다. 양자의 결합으로 로마가 남긴 기독교의 유산은 지속·발전할 수 있었다. 교황이나 주교는 크고 작은 나라의 '야만족'국왕들을 위해 대관식을 거행해주었다. 그들은 국왕들에게 왕관, 왕홀, 휘장, 성찬 등을 수여함으로써 국왕이 신의 가호와 권위를 받은 '새로운 인물'임을 상징했다. 한편으로, 남다른 힘을 바탕으로 왕위에 오른 단순무식한 무인들은 비록 행동거지에서는 여전히 꼴불견이었겠지만, 금빛 찬란한 신성한 외투를 걸침으로써 큰 만족감을 얻을 수 있었다. 다른 한편으로, 신의 대변자로서의 기독교는 신권을 왕권보다 우위에 둠으로써 종교적 지위를 강화하는 효과를 얻을 수 있었다. 즉 양자 간의 거래는 모두에게 매우 만족스러운 것이었다.

　서로마 제국의 폐허 위에 수립된 서고트 왕국, 동고트 왕국, 프랑크 왕국, 롬바르트 왕국, 반달 왕국, 앵글로-색슨 왕국 등 일련의 국가들은 중국과 비교할 때 작은 나라들에 지나지 않았다. 그들은 각자 '봉건제'를 실시했고, 봉토를 받은 이들을 영주라 칭했다. 영주들은 여러 등급의 작위를 받았는데, 그것은 혈연관계에 의해서가 아니라 국왕의 '부하들' 사이의 우정에 따라 정해졌다. 즉 작위는 전쟁 중에 자신을 위해 목숨을 아끼지 않은 부하들에 대한 국왕의 보답이었던 셈이다. 그리고 영주들은 다시 자신의 토지를 부하들에게 분배했고, 이들은 더 작은 영주가 됐다. 가장 작은 단위의 영주는 기사라 불렀다. 이는 건달 집단의 '큰 형님'이 이익을 그의 형제들과 나누고, 형제들은 다시 그중 일부 이익을 자신의 끄나풀들에게 나누어주는 것과 유사하다. 이러한 '봉건'이 중국의 '봉건'(이는 황권 전제라 불려야 한다)과 가장 다른 점은, 전자의 경우 국왕과 크고 작은 영주들이 오직 각자의 땅에 속하는 전권(예속농들의 인신에 대한 속박의 권리를 포함해서)만을 지닌다는 점이다. 국왕과 그에게서 직접 봉토를 받은 영주들 사이 혹은 대영주와 소영주 사이에는, 봉주封主가 전쟁을 벌일 때 봉신封臣이 군사를 지원하거나 봉주가 전쟁에서 포로가 됐을 때 봉신들이 의기투합하여 모은 금전으로 주인을 구출하는 것 이외에 상호 간에 별다른 의무가 없었다. 봉토를 배분할 때 그들은 협약을 통해 쌍방 간의 책임을 명확히 한다. 봉신은 협약 밖의 요구를 수용하지 않을 권리가 있었다. 『서양의 전통』이라는 책에는 국왕과 영주 사이의 협약에 대해 다음과 같이 기술되어 있다. "만약 국왕이 남작과 모든 봉신을 소환한다면, 그들은 국왕 앞에 나아와야 했다. 그들은 각자의 비용을 들여 기사들을 모두 이끌고 국왕을 위해 40일간 군사를 지원해야 했다. 하지만 국왕이 그들에게 각자의 비용을 들여 40일을 초과하는 군사 지원을 요청할 때 그들이 원하지 않는다면 거절해도 무방했다. 국왕이 자기의 돈을 들여 그들로 하여금 40일 이후에도 군사를 지원하도록 요구한다면, 그들은 반드시 그 요구에 응해야 했다. 그러나 국왕이 그들과 함께 원정을 떠나려 할 때 이를 원치 않으면 그것을 거부할 수 있었다." 이처럼 아무런 문학적 수사도 없는 건조한 협약서는 서구 '봉건제'의 특징을 명확하게 나타낸다. 봉주와 봉신 사이에는 제한적인 의무와 권리만이 있을 뿐이며, 고도의 중앙집권의 특징이 없다. 이와 같은 상황은 중국의 '봉건사회'에서는 전혀 찾아볼 수 없는 것이다.

국왕과 영주는 로마 교황청과는 대립되는 세력이었다. 그러나 그들은 교황청의 신학적 지지를 필요로 했다. 비록 마음에 내키지는 않았지만, 그들은 교황이나 대주교의 대관식을 거쳐야만 합법적 통치권을 획득한 것으로 여겼다. 국왕이 영주들에 대해 절대적인 통제권을 지니지 않았기 때문에, 이익이 충돌할 때에는 늘 배반이 발생했다. 이때 국왕과 영주는 앞다퉈 교황청에 모여 자신의 성세를 돋보이게 하려 했다.

고딕 시기에 이르면, 교회, 국왕, 영주의 3대 세력 이외에도 이미 전기 고딕시기에 출현했던 상공업의 기초 위에서 네 번째 역량이 생성됐다. 이 역량은 상인과 수공업 장인들의 길드 권력을 중심으로 하는 도시에서 나타났다. 그러한 도시는 먼저 이탈리아에서 생겨났다. 베니스, 제노바, 밀란, 피사, 피렌체 등이 그 예다. 나중에는 네덜란드 저지대와 기타 지역에서도 그러한 도시들이 생겨났다. 한편 이전에 국왕의 정치권력 기지로서 탄생했던 파리, 런던, 로마 등 도시의 시민들도 자신의 힘을 강화했다. 이러한 신흥 도시민 계층인 상인과 수공업 장인들이 바로 자산계급의 전신으로, 반봉건적 움직임은 바로 이들로부터 싹텄다. 그리고 상공업 도시는 바로 자본주의의 산실이라 할 수 있다.

도시와 교회, 국왕, 영주 사이에는 여러 측면의 이익관계가 존재했다. 한 편으로, 여러 권력이 병존하는 상황에서 각 통치자는 커다란 세원稅源과 이윤을 획득하여 자신의 경제를 발전시키는 것을 첫째 목표로 삼았고, 교회와 국왕, 영주 사이의 경쟁은 그들로 하여금 별 수 없이 도시의 자유로운 발전을 지지하고 자신의 권력을 제한하도록 부추겼다. 이러한 정황은 제한적 정부와 다원적 사회의 병존 현상을 낳았다.

물론 여기에도 여러 가지 사례가 존재한다. 예컨대 프랑스 국왕은 휘하 영주들의 통치 지역 도시들을 보다 적극적으로 지지함으로써 교회의 세력을 약화시키고 자신의 통일 대업을 강화하려 했다. 도시 역시 국왕을 지지했다. 통일된 국가는 통일된 시장, 화폐, 교통과 세수 체계를 수립하는 데 유리하고, 결국 시장경제의 발전에 유익하기 때문이었다. 반면 영국은 그와는 정반대였다. 도시는 영주와 연합하여 영주들로 하여금 농지를 목초지로 바꾸도록 고무시켰고, 벨기에의 플랑드르 지방에 양모를 수출하는 기회를 잡아 엄청난 이윤을 얻었다. 그들은 또한 영국 왕실을 압박하여, 국왕으로 하여금 그들에게 유리한 법안을 수용하도록 했다.

정리하면, 당시 전 유럽 최대의 국가였던 프랑스의 경우, 도시는 늘 국왕과 같은 편에 섰고, 교회는 가장 봉건적이고 보수적이었던 영주들과 같은 편에 서 있었다.

그러나 신흥 시민계급의 역량은 여전히 미약했다. 특히 이데올로기적으로 그들은 매우 무력한 상태에 처해 있었다. 그러한 까닭에 도

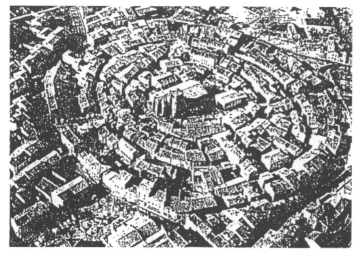

그림 08-01
유럽 중세 주교당을 중심에 둔 도시.
출처 「샤오모 건축 예술논집」

그림 08-02
유럽 중세 주교당을 중심에 둔 도시,
비엔나.

시가 자신의 실력을 선전하기 위해 세운 중요 건축물들이 본질적으로는 그들의 사상과는 배치되는 예배당일 수밖에 없었던 것이다. 전기 고딕 시기 이전의 예배당은 주로 시골의 수도원을 중심으로 발전했다. 고딕 예배당은 도시의 '주교당主敎堂'을 계기로 발전했다. 이러한

그림 08-03 문예부흥기, 주교당인 성모마리아 대성당을 중심으로 건설된 피렌체. 출처 「인류문명사 도감」

주교당은 대부분 도시의 한가운데 위치했고, 주교당 전면에는 광장을 배치하는 경우가 많았다. 이러한 건축물은 종교적 선전물로서 교회의 이익에 부합했고, 교황청 또한 이를 흡족하게 여겼다.

중국(그리고 대체적으로 동양 전체)은 유럽과는 전혀 다른 두 가지 조건을 지니고 있었다. 중국은 황제의 절대적 통치를 중심에 두었고 황제 지상적 특징을 보였다. 반면 유럽은 교황을 정신적 유대로 삼는 신권 지상적 특징을 보였다. 또 중국은 중앙집권제를 취하여 고도로 전제적이고 집중적이었으며 비록 '군권신수君權神授'를 인정한다 하더라도 여전히 '군주'가 강조됐다. 황제는 하늘의 아들이자 하늘로부터 직접 명을 받은 자로서 다른 매개자를 필요로 하지 않았다. 이에 반해 유럽은 교황을 수장으로 하는 각지의 교회, 크고 작은 나라의 국왕과 영주 등이 상대적으로 연약한 다중심多中心을 형성하여 서로 결탁하거나 경쟁해야 했다. 전제는 교황, 주교, 국왕과 크고 작은 영주 등이 직접 지배하는 지역 내부에서만 실행됐다. 이곳에서도 '군권신수'가 인정됐지만, 여기서 강조된 것은 '신'이지 '군주'가 아니었다. 또한 중국에서는 "조정의 다스림이 주州나 현縣까지 내려가지 않는다"는 말이 있듯, 향촌들이 부유한 농민 중 두각을 나타낸 지주향신 계층에 의한 자치를 실시했고, 농민들은 대다수가 자작농으로 인신人身이 완전히 자유로웠다. 이에 반해 서양의 농민은 인신의 자유가 없어 영주에 의지해야 하는 예속

농이었다. 그로 인해 중국은 장기간 안정적이었고 화합을 위주로 하
는 초 안정적 구조를 구현한 반면, 후자는 장기간 전란 하에 있는 분
리 위주의 상황으로 인민들을 불안하게 했다. 중국의 주류 이데올로
기는 "괴력난신怪力亂神을 말하지 않는다"는 말처럼 인간과 현실을 중
시하는 유학이었지만, 유럽의 주류 이데올로기는 기독교 신학이었다.
중국의 초안정적 체제가 중국을 세계 유일의 지속적이고 독보적인
'문명국'으로 건설했다고 해도 과언이 아닐 것이다.

2

상공업 도시의
탄생

그러나 위와 같은 이유로, 유럽은 의외의 혜택을 입을 수 있었다. 교회, 국왕, 영주 등 세 가지 세력의 통치에 틈이 발생하자, 상대적으로 독립적인 네 번째 정치세력이 자생하기 시작했다. 이는 수공업자와 상인을 중심으로 하는 도시였다. 첫째, 유럽의 중세는 왕국과 영지가 지나치게 분산되어 있어 봉건 통치자의 통제력이 향촌 이외의 지역에서 상대적으로 미약했다. 둘째, 그러한 분산으로 인해 정치·군사 권력들 사이에 격렬한 투쟁이 존재했고, 투쟁에서 우세를 차지하기 위해 상공업자들의 힘을 용인하거나 이용하고자 했다. 따라서 중세 유럽에서 상품교환과 시장경제는 부단히 점차 발전해갔다. 로마, 파리, 런던 등 국왕의 통치 거점이었던 도시들 이외에 대다수 중세 유럽 도시들은 수공업과 상업의 요청으로 인해 자발적으로 건설되고 발전하기 시작했다. 사실 자연경제에 기초한 수공업과 상업은 중국에서도 일찍이 존재했었다. 그러나 중국 사회의 초안정적 구조로 인해, 왕권은 수공업자 및 상인들을 늘 제한하고 억압했고, 그들이 지나치게 강대해져 이질적인 힘을 형성할까 우려했다. 그들은 종종 '시정소인'이라 불렸고, 정치에 참여할 수도 관료가 될 수도 없었다. 심지어 그들은 '양인良人'들과 통혼할 수도 없었다. 그들이 종사하는 직업은 '천기말업賤技末業'으로 일컬어졌다. 비록 송대에는 상공업이 서구에 비해서 뒤처지지 않을 만큼 상당히 발전했지만, 상공업자들은 시종 독립적인 정치적 역량을 가질 수 없었고 최대한 정권에 잘 보여야 했다. 그들은 권력과 결탁하여 이익을 취하고 보호를 요청할 수 있었지만, 자신의 권리를 쟁취하기 위한 어떠한 행동도 취할 수 없었다. 그러나 유럽에서는 상공업자들에게 독립적 지위가 부여됐다. 이는 어째서 중국의 황권 전제주의 사회 내부에서 자본주의가 형성되지 못하고, 서구에서만 그것이 형성될 수 있었는지를 설명해준다.

유럽에서 위와 같은 상공업 운동이 시작된 시점은 대략 10세기였다. 그러한 운동은 영주의 장원이나 국왕·영주의 성안에서가 아니라 인구가 비교적 많은 영주의 성, 예배당과 수도원, 교통의 요지 근처 지역에서 시작됐다. 이들 지역에서는 수공업 작업장과 시장이 자발적으로 형성됐고, 도시의 가도나 윤곽은 계획적이지 않았다. 즉 중국과 같은 위로부터 아래로 점진적으로 실시되는 도시 설계의 과정이 존재하지 않았던 것이다. 후에 자신들을 보호하고 사업의 규칙을 유지하기 위해 상인 및 수공업자들은 길드를 조직했고, 길드의 수장은 자금을 모아 자신들만의 성곽을 건설했다. 그들은 그때부터 '시민'이나 '부르주아bourgeois'라 불리기 시작했다. 부르주아라는 말은 '성bourg'이라는 단어에서 비롯된 것이다. 시민의 공공 업무는 선거를 통해 선출된 행회行會의 성실하고 유능한 수장에 의해 처리됐다. 이러한 상공업 도시는 고대 그리스나 공화국 시대의 로마와 호응하면서 서구의 법치, 민주, 자유, 개인의 이익과 권리 등을 탄생시켰고, 도덕적 수양에 의지하며 인치人治의 전통을 지닌 동양과 달리 신용과 같은 제도적 전통을 수립했다.

톰슨은 "도시 운동은 중세의 다른 어떤 운동보다도 중세 시대의 소멸과 근대의 시작을 의미했다. (…) 그로부터 전에는 본 적 없는 새로운 사회집단으로서 시민계급과 자산계급이 생겨났다"라고 말한다.

교회, 국왕, 영주 등은 이러한 도시에 대해 애증의 감정을 지녔다. 한편으로 그들은 예속농을 착취할 때처럼 시민들을 착취하고 도시와 충돌을 일으키려 했다. 다른 한편으로 그들은 도시가 제공하는 상품을 소비하고, 시민들이 제공하는 유통 서비스를 통해 장원의 농산물을 내다팔고자 했다. 그리고 도시에서 납부하는 토지세 또한 그들이 기대할 수 있는 재정의 원천이었다.

봉건 영지에서 고통 받는 예속농들은 도시의 자유를 매우 동경했다. 그들이 스스로 땅을 버리고 달아나더라도 영주들은 손 쓸 방도가 없었다. 결국 영주들은 노동력을 필요로 하는 도시 당국과 쌍방을 모두 만족시키는 규칙을 수립했다. 그것은 예속농이 만 1년 1일간 영주의 손아귀를 피해 도시에서 일을 한다면 자동적으로 시민의 신분을 획득하고 영주에 대한 각종 의무로부터 벗어난다는 규칙이었다. 이 규칙은 영주들에게는 '불공평'한 것이었지만, 그들에게는 별다른 방법이 없었다.

영주들은 수습할 수 없을 정도로 충돌이 격화된 후에야 비로소 무력에 호소했다. 그러나 어렵사리 영주에 대한 신분 의존 관계로부터 벗어난 시민들이 호락호락할 리 없었다. 그들은 도시에 들어온 후 세상을 두루 경험하며 지식과 인간관계를 두루 쌓아 더 이상 예속농으로 있던 때처럼 고분고분하지 않았다. 더욱이 시민들에게는 성벽과 충분한 포병이 있었고 행회와 시정당국의 지도가 있었으므로 응당 저항할 수밖에 없었다. 15세기의 이탈리아인 마키아벨리는『군주론』에서 중세 독일 지역 도시를 설명하면서 다음과 같이 말한 바 있다. "독일의 도시들은 절대적으로 자유롭다. 그것들은 단지 소수의 향촌들로 둘러싸여 있을 뿐이었다. 그것들은 신성로마제국 황제에게 복종하고자 할 때엔 그렇게 했으나 복종하길 원치 않을 때는 하지 않았고, 황제도 영주도 두려워하지 않았다. 또한 독일 도시들이 갖춘 방비로 인해, 어떤 이들도 쉬이 그것들을 정복할 수 없었다. 그들은 필요한 성곽과 고랑, 충분한 포병을 갖추었고 창고에는 일 년치 양식과 음료, 연료 등을 비축해뒀다." 결국 대다수 상공업 도시와 영주들 사이에는 다음 사실이 승인됐다. 즉 최초의 자산 계급인 시민들은 자치권을 획득했으며, 영주는 정기적으로 도시로부터 세금을 거둘 수 있는 것이다.

상공업 도시의 탄생은 건축 발전의 계기가 됐다. 그들에게는 금전적 기반이 있었고 동시에 건축물들을 지어야 할 필요성이 있었다. 시민들의 공통된 가치관을 응집시키고 감정을 소통시키며 공공의 중요한 일들을 의논하기 위해서 거대하고 눈에 띄는 건축물이 세워졌다. 이러한 건축물은 하나의 장소이자 동시에 상징물이었다. 당시의 주류 이데올로기 또는 기독교로 인해, 그들이 세운 건축물 중 가장 중요한 것은 역시 예배당이었다. 초기 발전 단계에 있던 도시에서는 교회 건축이 유행이었다. 물론 교회, 국왕, 영주도 자신들 나름의 필요에 따라 예배당을 지었다.

아울러 10세기 이후 시작된 십자군전쟁 역시 상공업 도시의 발전에 중요한 영향을 미쳤다.

고딕 양식을 채택한 도시의 예배당은 바로 위와 같은 복잡한 사회환경 속에서 생겨났다. 한편으로, 그것은 강렬한 종교적 숨결과 광신, 그리고 짙은 신본주의적 문화의 분위기를 드러냈다. 그러나 다른 한편으로 발전 추세에 있는 시민 계급의 세속적 격정에 기대었고, 암암리에 깊은 인본주의적 함의를 내포하고 있었다. 실제적으로 시민들이 전력을 다해 예배당을 지은 것은 종교를 선전하기 위해서라기보다는 건축물의 웅장함을 통해 도시의 자부심과 행회의 실력을 뽐내기 위해서였다. 그것은 일종의 광고처럼 다른 도시, 교황청, 국왕과 영주들의 주문을 끌어오는 데 도움을 줬다. 도시의 예배당은 당시 시청의 역할을 수행하기도 했다. 세속적이거나 종교적인 집회, 축제, 시민들의 결혼식과 기타 공적 활동이 모두 예배당 혹은 예배당 전면의 광장에서 이루어졌다. 신본주의 문화와 인본주의 문화는 이렇게 서로 섞여들어 진귀한 광경을 연출했다.

3

서양 도시의
면모

　서양 도시들은 통상 시민들의 공공활동 공간의 성격을 띤 한 곳
또는 여러 곳의 예배당을 중심으로 발전했고, 방사형으로 거미줄과
같은 도로망을 구축했다. 도로들은 자유롭게 굴곡을 이루며 방사형
으로 뻗어나갔다. 도시 외곽의 형태 또한 불규칙적이었다. 상점, 작업
장 등은 도로를 바라보며 도시 전체에 가득 퍼져 있었다.

　유럽의 현존하는 고성은 대부분 고딕 시기의 면모를 띠고 있다. 인
구는 조밀하지만 땅이 넓지 않아 도시 주택 대부분은 다층 건물로,
꼭대기에는 다락방이 설치되어 있다. 건물들은 4, 5층이 주류로 촘
촘하게 배열되어 있으며 박공벽은 도로를 향한다. 저층은 상점, 위층
은 거주공간으로 이루어진다. 북방은 삼림자원이 풍부하여 주택 상
당수가 목구조로 되어 있고, 짙은 색깔의 뼈대가 외부로 드러나 있
어 백색이나 옅은 색의 벽면으로부터 도드라져 보인다. 북유럽은 겨

울에 눈이 많이 내리기 때문에 지붕의 경사도가 크고, 지붕 내부의
각루閣樓가 다층으로 구성되는 경우도 있다. 훗날 공공 건축물과 민
가가 벽돌 구조를 사용했지만, 박공벽은 여전히 도로를 향했다. 나무
구조, 벽돌 구조, 그리고 근현대 이래 여전히 박공벽을 도로로 향하
게 하여 세운 철골 시멘트 구조 등은 오늘날 서로 조화를 이루어 독
특한 운치를 자아낸다. 이 책에서 소개한 몇 장의 사진들은 바로 그
와 같은 면모를 잘 보여준다.

도시의 행정 관리 기능이 복잡해지면서, 중세 유럽에는 시청 건물
이 등장하기 시작했다. 이곳에서는 공공 사무를 처리하고 각종 직업
들 간의 관계를 원활하게 하며, 회의를 열거나 더러는 개인 행사를
개최하기도 했다. 이 시기 시청 건물들은 대개 고딕 양식을 따랐다.
시청 건물은 대개 길드의 건물에서 전환된 것으로 규모가 작지 않았
고 기품이 있었다. 건물의 3면 중 보통 긴 면이 도로를 향하는 정면

그림 08-05 유럽 도시의 모습.

그림 08-06 유럽 도시의 모습.

그림 08-07
베니스 대운하에서 바라본 북쪽 강기슭의 총독부와 산마르코 광장의 종탑.
출처 「인류문명사 도감」

그림 08-08 벨기에 브뤼셀 시청.
출처 「세계문화와 자연유산」

그림 08-09 독일 함부르크 시청.
출처 「서방 건축 명작」

그림 08-10 중세에 세워진 유럽의 시청.

그림 08-11
중세에 세워진 유럽의 시청

이며, 정면에는 통상 높고 뾰족한 고딕식 탑이 세워져 있다. 때로는
탑에 무늬가 있는 유리창이 설치되는 경우도 있다. 모든 시청 앞에는
광장이 있다. 베니스의 산마르코 광장 총독부, 벨기에 브뤼셀 시청,
독일 함부르크 시청과 기타 국가들의 유사 건물들은 모두 그와 같은
형태를 취한다.

벨기에 브뤼헤 시청 중앙의 탑은 85미터에 달한다. 한편 벨기에 이
프르 교역소는 1201년에 착공하여 100년 후에 비로소 완공된 것으

그림 08-12 벨기에 이프르 교역소 건물.
출처 『서방 건축 예술』

그림 08-13 벨기에 앤트워프 시청.
출처 『세계건축백도』

로, 정면 길이가 130미터, 중앙 탑의 높이가 100미터에 달하는 고딕
양식의 최대 세속 건축물이다.

벨기에 앤트워프 시청은 비교적 나중에 지어진 것으로, 1561년에
완공됐다. 이때는 이미 르네상스의 지속기였지만, 건물의 긴 면은 여
전히 도로를 향하고 있었다. 또한 정면의 중앙은 비록 첨탑과는 다르
지만 여전히 우뚝 솟은 형태를 띠고 있으며, 양쪽 끝에는 뾰족한 비
석이 세워져 있어 건물 구도의 중심을 이룬다. 건물은 4층으로 이루
어져 있다. 저층은 대좌臺座로 삼아 높이가 낮고, 꼭대기층 역시 지붕
밑 마감층으로 높이가 높지 않다. 중앙 두 개의 층은 높이가 높아 건
물 정면의 주요 몸통을 구성했다. 이 건물은 전체적으로 고전 주식柱
式의 대좌, 몸체, 지붕의 조합으로 이루어진 건물로 보이며, 이러한 기
법은 이미 르네상스의 전형적 양식이 됐다. 건물 전체를 덮고 있는
가파른 지붕에는 여러 개의 지붕창이 나 있으며, 지붕 양 끝에는 굴
뚝이 솟아 있다.

중국과 서양 도시의 발전 근거, 과정, 양상을 통해 이제 우리는 "건축은 인류 문화의 기념비"라는 말에 담긴 함의를 이해할 수 있게 됐다.

9장

중국의 독특한
환경 예술

중국의 고대에는 '환경 예술'이라는 개념이 없었다. 이는 아마도 근년에 외국에서 들어온 표현으로 보인다. 환경 예술이라는 개념에는 서로 다른 함의가 존재한다. 먼저 이 개념은 대체로 실외의 커다란 공간에 배치된 모종의 장치들을 가리킨다. 예를 들어 커다란 천으로 철교鐵橋 전체를 감싼다거나 혹은 거대한 구릉에 수많은 붉은색 우산을 배치하는 경우를 말한다. 이러한 예술을 가리켜 '대지예술大地藝術'이라 부르는데, 이는 전위예술에 속하는 것으로 우리가 지금 다루는 것과는 전혀 무관하다. 지난 수 년간 중국 내에서 관찰되는 또 다른 용법이 생겨났는데, 그것은 미화나 장식을 중점으로 삼는 실내 디자인을 의미하는 것으로 환경 예술 개념을 오해한 것임에 틀림없다.

사실 환경 예술의 관심 대상은 실내를 포함하기도 하지만 주로는 실외다. 그것은 미화나 장식의 역할을 담당하기도 하지만 주로는 특수한 환경에 분위기를 조성하여 모종의 사상과 의경을 도드라지게 나타내고 주동적으로 인간의 성정을 도야하며 감정의 파문을 야기한다. 또한 사람들로 하여금 정감에서 이치로 나아가게 함으로써 깨달음을 선사한다. 고대 궁궐의 위엄과 장려함, 옛 사찰의 심오함과 고요함, 원림의 고아함과 친근함, 국가적 기념 광장의 장중함과 상쾌함, 능묘의 엄숙함과 숙연함 등은 환경 예술의 목적을 잘 드러내고 있다.

'환경 예술'의
개념

　환경 예술은 하나의 관념이자 방법이지, 창작 대상이나 독립된 예술 장르를 가리키는 것이 아니다. 이러한 관념과 방법에 따라 설계된 작품이라야 환경 예술작품이라 할 수 있다. 그러한 관념 또는 방법의 주안점은 모든 요소를 종합적으로 운용하는 데 있으며, 건축의 수단으로 창작물을 완성하는 데에만 있지는 않다. 물론 그러한 관념이나 방법으로 앞서 다룬 내용들, 예컨대 형체, 내부 공간과 외부 공간의 창조 등을 분석한다 해도 안 될 건 없다. 사실상 앞에서 설명한 사례들, 그중에서도 특히 중국의 사례들 속에는 환경 예술의 방법이 광범위하게 적용됐다. 베이징의 고궁(경산의 설치에는 환경 예술적 고려가 있었을 것이다), 베이징성 전체, 중국의 황가 원림과 사저 원림, 그리고 중국의 민간 가옥들은 앞에서 우리가 환경 예술의 측면에서 강조하지 않았을지라도, 그것과 밀접하게 관련을 맺고 있다. 아래에서 필자는 불탑, 능묘, 사찰 등 앞 장절들에서 비교적 적게 언급했던 건축 유형들에 대한 보충설명을 통해 환경 예술 개념을 논하려 한다. 이러한 시도가 독자의 뇌리에 건축에 대한 총체적인 인상을 남길 수 있기를 바란다.

본격적인 설명에 앞서 언급할 것이 있다. 편폭의 제한으로, 내부 혹은 외부 공간의 환경 예술에 관한 설명은 깊이 들어가지 않을 것이다. 이 장은 불탑의 성격, 사찰의 공간구도, 능묘의 배치 등 보다 큰 공간영역에 집중하여 서술할 것이다.

환경 예술은 시간, 공간, 자연, 사회, 각종 예술 분야를 하나로 융합한 종합예술이자 체계성을 지닌 작업이다. 환경 예술 속에서 건축물은 자기 완결성에 그치지 않는다. 그것은 체계적인 개념으로 자연환경(자연물의 형, 체, 빛, 색깔, 소리, 냄새), 인문 환경(역사, 향토, 민속), 그리고 환경 조소, 환경 회화, 공예 미술(가구, 장식품), 서예, 문학 등의 기능을 적극적으로 펼치고, 각 요소를 총괄하고 조화시켜야 한다.

환경 예술은 몇 가지 '결합'으로 개괄할 수 있다. 즉 자연환경과 인공예술의 결합, 물적 경관과 인문의 결합, 부분과 전체, 대소大小, 안팎의 결합, 공간과 시간의 결합, 표현과 재현의 결합 등이 그것이다.

스스로 존재하는 자연환경은 그 자체로 독립된 심미적 의의를 지닌다. "연기가 홀로 피어오르는 거대한 사막과 긴 강 위로 지는 둥근 해"의 장엄함, "소나무 사이로 비치는 밝은 달과 바위 위를 흐르는 맑은 물"의 고요함, "마을을 둘러서 있는 푸른 나무들과 교외에 비스듬하게 서 있는 푸른 산"의 순박함. 이것들은 모두 사람들에게 풍부한 미적 감흥을 불러일으킨다. 한편 자연은 자연물의 체體, 형形, 색깔만을 가리키는 것이 아니라, 자연물의 소리와 향기까지도 포함한다. 계곡물이 굽이치고 죽림이 바람에 흔들리는 소리, 봄비가 흩날리고 가을 물이 흐르는 소리, 매미와 귀뚜라미가 우는 소리, 꾀꼬리와 제비가 지저귀는 소리, 그리고 바람에 실린 연꽃과 계화桂花의 향기. 이것들은 환경 예술의 총체에 포함시킬 수 있고 또 반드시 그래야 한다.

환경 예술은 자연환경의 존재를 전제로 삼으며, 단지 자연을 가공한 것만을 의미할 수도 있지만 보다 일반적으로는 자연을 가공함과 동시에 인공적 예술품을 삽입하여 자연미와 예술미를 유기적으로 결합시킨 것을 말한다.

환경 예술 속의 인공 예술 작품에는 가장 대표적으로 건물을 꼽을 수 있으며, 그 외에도 건물과 공존하는 환경 조소, 환경 회화, 공예미술, 서예 전각 등을 포함시킬 수 있다. 특별히 고대 중국에서는 문학을 그 안에 조화시키는 것을 중요시했다. 가령 주련柱聯 위의 시구詩句나 현판 위의 표제와 송어頌語 등이 그러한 예라 할 수 있다.

이러한 인공 작품들은 그것 자체만으로도 예술품의 자격을 지니고, 각 작품들 사이에도 조화를 이뤄야 할 뿐 아니라 그것들이 속한 자연과도 긴밀하게 융화되어야만 한다. 이는 특히 중국의 원림에서 두드러지게 나타난다. 자연과 인공은 서로 소통하고 어울려 하나의 시적 경관을 이뤄야 한다. 고대 중국의 능묘에서도 그와 같은 예를 찾을 수 있다.

환경 예술은 소재지의 인문 조건과의 결합도 고려해야 한다. 해당 지역의 민족적·향토적 문화 요소, 역사문화의 연속성, 민간풍속, 신화전설 등이 모두 환경의 총체 안에 녹아들어야 한다. 이런 요건은 나중에 설치된 인공물도 마치 본래의 인문환경 속에 자연스럽고 필수불가결하게 존재했던 일부분처럼 보이도록 함으로써, 인위적인 창조물에 풍부한 역사적 연속성과 기품, 매력을 부여한다.

부분과 전체, 대소, 안팎의 결합은 공간 개념 상 일체화의 문제를 수반한다. 큰 규모의 환경 내부에는 여러 층위의 부분과 전체, 대소, 안팎의 공간대응 관계가 존재한다. 성공적인 환경 예술작품 속에서는 모든 부분들이 전체 속에서 자신의 신분과 척도에 부합하는 명확한 지위를 지닌다. 따라서 그것을 창작할 때에는 거시적 차원에서 착안하고 미시적인 차원에서 착수해야 한다. 어떤 부분은 강조가 필요하고 어떤 부분은 평범하게 다루어져야 하며, 어떤 것들은 보조자의 역할을 감당해야 한다. 이렇듯 모든 부분은 각자에게 걸맞은 지위가 있고, 그것들은 주어진 역할을 수행한다.

환경은 층층이 서로 이어져 쉬지 않고 유전流轉하여, 어떤 절대적인 경계가 존재하지 않는다. 따라서 어떤 환경의 경우, 그것과 그것 외부의 '대환경大環境' 사이에는 부분과 전체의 관계가 있어 공간적 확장성을 지닌다. 이처럼 특정 환경이 대환경 속에 새겨지면 양자 사이에 틈이 사라져 인위적 성격이 드러나지 않고, 새로 만들어진 환경이 마치 대환경 속에서 본래부터 존재했던 것처럼 자연스럽고 필수 불가결한 것으로 여겨진다. 만약 '대환경'이 활용에 있어 그다지 적당하지 않다면, 『원야園冶』에서 제시한 다음 경구를 떠올리면 될 것이다. "경치가 속되면 그것을 가리고, 경치가 훌륭하면 그것을 활용한다."

역사의 연속성과 공간의 확장성은 구체적인 환경 예술작업에 있어 서로 연결된다. 고대 중국의 환경 예술 작품들 가운데서 그 모범적 사례들을 발견할 수 있다.

모든 자연적, 인공적 구성 요소는 일체화된 공간 형상으로 융화된 후 이제 더 이상 자기 자신임에 그치지 않는다. 보다 본질적으로는 그러한 이차원적, 삼차원적 공간이 이미 시간의 흐름에 따라 순차적으로 출현하는 공간 및 시간의 서열 속에 편입된다는 것이다. 이러한 서열 가운데서 그것들은 교차적으로 환경 내부의 특별한 감상 포인트가 되어 각기 다른 이미지 정보를 생산하고 각기 다른 감정의 불꽃을 격발시키며, 예술가의 장인정신 속에서 하나의 기다란 고리로 꿰어져 자신의 개성을 뽐낸다. 그리하여 전체적으로 규칙적인 서열에서는 인도, 펼침, 격발, 고조, 정리, 결말 등이 순차적으로 출현하며, 도약과 지연, 상승과 하강이 구름의 움직임이나 물의 흐름과 같은 운율과 화음으로 한 편의 교향악을 완성한다. 불규칙적 환경에서도 이러한 운율은 교차적이고 상보적이며 다양한 구성 요소들을 한데 교차시켜 서로를 비추게 한다. 중국의 고전 원림은 바로 불규칙적 공간-시간의 서열에 해당한다. 그 속에서 각 요소는 삽입되고 나타났다 사라지며 서로 뒤얽힌다. 그러한 방식의 처리는 규칙적인 서열을 통한 처리보다 훨씬 어려울 것이다.

따라서 환경 예술은 비록 각 구성 요소에 대한 정태적 관찰을 배제하지는 않지만, 그보다 전체 서열의 동태적 흐름을 중요하게 여긴다. 요컨대 환경 예술은 단순한 공간 예술이 아니며 단순한 시간예술도 아니다. 그것은 공간과 시간의 결합이다.

환경 예술이 여러 예술형식의 조합을 통해 이루어진 종합체라 한다면, 마땅히 표현적 예술과 재현적 예술의 결합이어야 할 것이다. 전자는 건축, 공예, 서예, 추상회화, 추상조소 등이 해당되며, 후자는 사실적 회화와 사실적 조소, 그리고 회화성과 조소성이 강한 공예미술 등이 해당된다. 재현적 예술은 전체 안에서 주제를 시사하고 연상聯想의 방향을 인도하는 역할을 수행한다. 그러나 본질적으로 환경 예술은 건축 예술과 마찬가지로 표현을 근본으로 삼는다.

환경 예술은 한편으로는 낮은 층위의 환경 미화를 초월하여, 지향하는 목적성이나 사상적 주제를 표현한다. 그것은 창작 시 감정을 통해 풍경에 진입하고 감상 시 풍경을 접촉하여 감정을 유발함으로써 진정한 예술의 경지로 상승한다. 다른 한편으로 환경 예술은 비록 지향의 목적성을 지닌다 하더라도, 더 주요하게는 환경 서열 속의 분위기, 의경, 정취 등이 발생시키는 감정을 통해 두드러지기 때문에, 그 취지 역시 몽롱하고 모호하며 추상적일 수밖에 없다. 그것은 소설, 논문, 구호 등과 같은 명확하고 구체적인 지향점을 가질 수 없다. 따라서 환경 예술이 취하는 것은 교화의 방식이며, 그 중점은 인격의 도야와 감화에 있다.

이상에서 환경 예술의 특징을 개괄했다. 좋은 건축가는 응당 환경 예술가여야 하며, 최소한 환경 예술의 관점에서 거시적으로 작품 전체 국면을 통제할 수 있는 능력을 지녀야 한다. 그러나 보다 전문적이고 구체적인 환경 예술 작품들의 경우, 전체적인 요구사항이 주어진 뒤 더욱 전문적인 각 분야 예술의 분업을 통해 완성된다.

2   /   불탑

    화북 지역의 탑은 웅건하고 질박하여 마치 연나라와 조나라의 장정들이 역수易水에서 슬픈 노래를 부르는 것 같다. 반면 강남 지역의 탑은 수려하고 경쾌하여 마치 고소姑蘇(현 장쑤성 쑤저우 일대)의 어여쁜 여인이 강남 대나무 가지에 얽힌 노래를 부르는 듯하다. 그야말로 "오랑캐의 말이 추풍처럼 내달리는 북방"과 "살구꽃 피고 봄비 내리는 강남"의 의경을 고스란히 표현한 것이라 할 수 있다.

    대표적인 예로 산시山西성 잉현應縣 목탑과 상하이 용화탑龍華塔에 대해 살펴보려 한다. 잉현 목탑은 요나라 시대에 창건된 불궁사佛宮寺의 석가탑(1056)이다. 평면은 팔각 형태이고 외관은 5층으로 이루어져 있으며 맨 아래층은 '부계副階(건물 본체를 둘러싸고 설치한 외랑外廊을 일컬음)'와 처마로 구성된 중첨重檐이 있어 총 6중 처마구조를 이루고 있다. 건물 높이는 67.3미터로 현존하는 세계 최고最高의 목조 건

그림 09-01 산시 잉현 목탑

축물이다. 중첨 위 네 개의 층에는 각각 암층暗層이 있기 때문에 실제로는 9층 구조를 띠며, 암층의 외관은 평좌平坐다. 각 층은 아래층의 외벽 및 내벽과 상응하여 기둥이 안팎으로 두 겹으로 둘러싸고 있다. 바깥 둘레에는 24개의 첨주檐柱가 서 있고, 각 면은 3칸으로 이뤄져 있다. 2층 위 네 개의 층 정면에는 창문이 나 있다. 4층의 경사면에는 본래 벽이 있었고 벽 안쪽에 비스듬한 받침대가 있었으나, 이를 나중에 창문으로 바꿨다. 탑 외부 각 층의 평좌는 두공斗拱이 떠받치고 있으며, 평좌 주변에 연하여 난간이 설치되어 있다. 각층 첨주와 그 아래의 평좌 첨주는 하나의 직선 위에 놓여있지만, 전자는 후자보다 약간 뒤로 물러나 있으며 각 기둥 또한 안쪽으로 살짝 기울어져 있어, 아래가 크고 위가 작은 안정적 체형을 형성했다. 맨 아래층은 창을 내지 않은 외벽, 부계, 중첨으로 구성되어 탑 전체의 안정감을 향상시켰다.

탑의 비율은 육중하고 튼튼하며, 높이가 있음에도 묵직함을 잃지 않는다. 각 층의 처마는 기본적으로 편평하지만 끝이 살짝 위로 올라가 있다. 상하 각층 처마의 끝을 연결하는 선도 미세하게 곡선형을 취하여 경직성을 탈피했다. 탑의 평좌는 조형에 있어 특히 중요하다. 수평으로 뻗은 평좌는 요첨腰檐과 조화를 이루고 탑신과는 대비를 이룬다. 또한 평좌는 재료, 색채, 처리기법 등에서 요첨과 대비를 이루지만 탑신과는 조화를 이룬다. 즉 평좌는 요첨과 탑신에게 있어 필수적인 교량 역할을 담당하는 것이다. 평좌, 탑신, 요첨은 위로 포개어져 있는데, 서로 간에 경계가 분명하여 층수를 헤아리기 쉽고 리듬감이 도드라진다. 또한 외부로 돌출된 평좌는 횡선을 추가하여 탑의 윤곽을 훨씬 풍부하게 해준다. 6층의 처마, 4층의 평좌, 2층의 기좌는 많게는 12개의 수평선을 형성하여 대지와 서로 호응하게 하고

그림 09-02 당 장안의 자은사탑. _샤오모 그림

그림 09-03 하북 딩현 개원사탑. _뤄저원 촬영

목탑에 안정감을 부여하며 지나치게 오뚝한 느낌을 약화시킨다. 탑
의 꼭대기에 올라 먼 곳을 바라보면 몸과 마음이 자연과 하나가 되
는 듯한 인상을 받는다.

웅장한 석가탑의 모습은 보는 이로 하여금 숙연함과 경외감을 갖
게 한다. 당나라 장안에 세워졌던 자은사탑慈恩寺塔(대안탑大雁塔이라고
도 함), 딩현定縣의 개원사탑開元寺塔, 네이멍구 바린좌기巴林左旗의 경주
백탑慶州白塔 등 북방의 탑들은 모두 잉현 목탑과 유사하다.

북송北宋 시대의 용화사탑(977)은 상해 용화사 앞에 세워져 있는 7층
건물로, 탑찰까지의 높이는 40여 미터에 달하며 8각이고 내부는 빈
통 모양이다. 각 처마와 평좌는 중수를 거쳤다. 명·청 시대 강남의 풍

격을 따라 처마의 끝이 위로 높이 치솟아 있는 것을 제외하면, 대체로 원래의 모습을 유지하고 있다. 탑신의 각 면은 3칸으로 되어 있으며, 각 층은 4면의 당심칸當心間을 문으로 삼았다. 각 층 문의 방향은 서로 다르며 이에 따라 내부 방실方室 역시 45도 각도로 어긋나 있다. 또 다른 4면의 당심칸은 벽돌로 쌓아 올린 격자창이다. 불궁사 석가탑과 비교할 때 용화사탑은 길고 가는 모양이며 탑찰이 전체 탑 높이의 1/5을 차지할 만큼 높이 솟아 있다. 탑찰에는 8개의 쇠사슬이 각 모서리와 연결되어 있어 더욱 가파른 느낌을 준다.

그림 09-04 내몽고 파림좌기 경주백탑. _뤄저원 촬영

　용화탑은 아름답고 정교하며 사랑스러운 면모를 지녀 강남 지역의 풍물과 잘 조화를 이룬다. 쑤저우蘇州 나한원쌍탑羅漢院雙塔, 송강방탑松江方塔, 항저우杭州의 육화탑六和塔(량쓰청梁思成의 복원도) 등은 모두 용화탑과 유사한 분위기를 자아낸다. 경외심과 사랑스러움은 완전히 다른 느낌이다. 이는 단순한 지리적 요소나 경제적 요소로 결정되는 것이 아닐 터다. 그것은 지역문화의 총체적 차이를 드러낸다. 이 두 개의 탑은 남북 건축 풍격의 전형이며 중국 건축 예술사에서 가장 뛰어난 작품의 예에 속한다. 강남의 기악, 희곡, 민가가 표현하는 애간장을 태우는 여인의 마음과, 화북 지역에서 표현하는 국가의 흥망, 신하의 충의를 담은 격앙된 심정을 떠올려본다면, 두 탑의 특색을 더욱 생동감 있게 감상할 수 있을 것이다.

그림 09-05 상하이 용화탑. _샤오모 촬영

이 두 탑은 지역문화의 자연스러운 발현 태이며, '대환경'의 관념이 자각적으로 녹아든 작품이라 할 수 있다.

그러나 남북을 막론하고 중국의 불탑은 세속적 정서가 충만해 있다. 전체적으로 하늘 높이 우뚝 솟은 형태를 취하지만, 고딕 첨탑과 달리 수평적인 각층 지붕들이 수직적 기세를 완화시키기 때문이다. 즉 위를 향해 솟구치면서도 동시에 대지를 돌아보는 특징을 지니는 것이다.

중국 북방에는 밀첨식密檐式 탑도 적지 않다. 층층의 밀첨은 '상륜相輪'을 상징하는 것으로 이 역시 때때로 대지를 돌아본다는 의미를 지니고 있다. 대표적인 작품들 중에서는 허난河南 덩펑登封에 있는 북위北魏 시대의 숭악사탑嵩岳寺塔이 가장 오래됐고, 그 밖에도 당대唐代 덩펑의 법왕사탑法王寺塔, 윈난雲南 다리大理에 있는 숭성사쌍탑崇聖寺雙塔, 요대에 건립된 베이징의 천녕사탑天寧寺塔, 은산탑림銀山塔林 등이 있다.

중국에 불교가 전래된 초창기에는 탑이 사찰에 속해 있었으므로, 사찰이 있는 곳에는 항상 불탑이 세워졌다. 하지만 나중에 탑과 사찰의 관계가 느슨해지자 탑과 사찰이 같은 시기, 같은 장소에 출현하지 않게 됐다. 명·청 시기에 이르면 불탑의 건축이 보다 자유로워짐에 따라 불탑이 있는 곳에 사찰이 지어지거나 불탑만 있고 사찰은 없는 경우도 생겨났다. 탑의 종교적 성격도 줄어들면서 경관으로서

그림 09-06 항저우 육화탑 복원도. _영조학사[營造學社] 복원.

그림 09-07 당 장안 천복사[薦福寺] 소안탑[小雁塔]. _뤄저원 촬영

그림 09-08 허난 덩펑 법왕사탑. _뤄저원 촬영

그림 09-09 베이징 은산탑림. _샤오모 촬영

의 의미가 보다 강화됐고, 이에 따라 탑을 어떤 환경 속에 세울 것인가가 중요해졌다. 탑은 대체로 높은 곳 또는 잘 보이는 곳에 설치됐다. 성안의 높은 장소나 시야 안에 잘 들어오는 성 근교의 산 위, 도시를 지나는 하천의 가까운 상류나 하류 등에 설치된 탑은 타지에서 온 여행객들이 일단 눈여겨보는 상징적 건물이 됐다.

3

능묘

능묘는 우선적으로 다양한 대상들의 배치를 염두에 두지만, 환경예술 관념이 분명하게 드러난 사례이기도 하다.

당나라의 '관중關中 18릉'은 대부분 산에 의지하고 있다. 원형의 외딴 산에 석재를 입혀 무덤을 조성하는데, 그 기세의 성대함이 인공무덤과 비교할 수 없을 정도다. 북쪽은 산 무리가 배경을 이루고 남쪽은 종남산終南山과 태백산太白山이 서로 호응하며 바라본다. 위수渭水는 전방 멀찌감치 떨어진 곳에서 횡으로 흐르고 경수涇水는 그 사이를 감돈다. 가까운 평천平川 일대는 초목이 무성한 광활하고 고요한 평원으로, 능 주봉主峯의 높이를 더욱 부각시켜준다. 신도의 양 측면에는 토궐土闕과 많은 석조각이 있어 능묘의 내용을 풍부하게 해주고 능묘의 제어 공간을 확장해주며, 능의 거대함을 대비시켜 존엄하고

숭고한 분위기를 부각시키는 데 커다란 역할을
한다.

명13릉은 베이징 천수산天壽山 아래에 있다.
산봉우리는 말발굽이 남쪽으로 열려 있는 것처
럼 구부러져 있고, 말발굽의 가장 북쪽 중앙 산
기슭에는 명나라 성조成祖의 장릉長陵이 설치되
어 있다. 장릉 남쪽 6킬로미터 지점은 말발굽 형
태가 입을 열고 있는 지점인데, 여기에 동서로
대치하는 두 개의 작은 산이 있으며 능도陵道가
여기서 시작된다. 능도에는 많은 건축물과 석조
각이 늘어서 있다. 말발굽형 산봉우리에서 동
쪽 봉우리가 비교적 낮기 때문에, 능도를 동쪽
으로 치우쳐 냄으로써 관람자들에게 동쪽과 서
쪽이 대체로 균형을 이룬다는 느낌을 주고, 전
체적으로 대단히 웅장한 기세를 연출한다. 장릉
외에도 12개의 능묘는 모두 말발굽 형태의 양쪽
날개에 분산되어 있으며 모두 신도神道를 향해
있다. 중국의 능묘는 '풍수風水'를 매우 중시한다.
소위 '풍수학'은 많은 부분 환경 예술학의 내용
을 포함하고 있다.

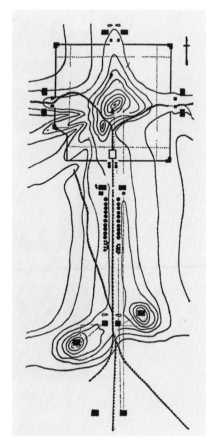

그림 09-10 산시 간현乾縣 당건릉唐乾陵의 전체 평면도.
출처 「중국 고대 건축사」

그림 09-11 당건릉. _러우칭시樓慶西 촬영

그림 09-12 청대의 회화, 명13릉. _수도박물관

그림 09-13 명13릉의 대홍문大紅門. _왕치형 촬영

그림 09-14 명13릉의 석조 패방. _샤오모 촬영

그림 09-15 명13릉의 대비정大碑亭. _류다커 촬영

그림 09-16 명13릉 신도의 영성문欞星門. _샤오모 촬영

그림 09-17 명13릉의 신도. 출처「중국 건축 예술사」

그림 09-18 명13릉 장릉의 조감. _가오훙 촬영

그림 09-19 장릉의 능은전祾恩殿. _러우칭시 촬영

그림 09-20 장릉의 이주문二柱門과 방성명루方城明樓 _샤오모 촬영

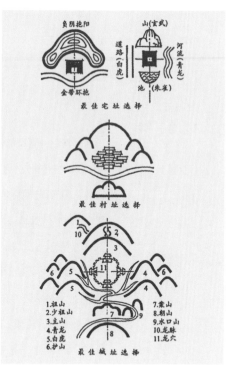

그림 09-21 '풍수보지風水寶地'의 모형 _샹쿼尚郭 그림

4

사찰

제1장에서 필자는 이미 요송遼宋 시기의 불당 건축에 대해 소개한 바 있다. 현존하는 명·청 시기의 사찰로만 본다면, 사찰은 실질상 두 종류로 나뉘며 각각의 구도도 다르다. 이중 하나는 황제의 칙명에 의해 지어진 사찰로, 그 수가 많으며 대부분 도시에 위치한다. 사찰의 지세는 앞이 낮고 뒤가 높으며, 대다수는 좌우와 중앙에 세 개의 길이 나 있다. 이 중 중앙로가 가장 넓고, 전체적으로 반듯하며 대칭을 이룬다. 좌우로는 비교적 자유롭다. 사찰의 구도를 횡으로 나누면 앞부분과 뒷부분 그리고 중앙부분, 이렇게 세 부분으로 나눌 수 있으며, 이 중 중앙 부분이 가장 길다. 주전主殿인 대웅보전大雄寶殿은 중앙로 중앙 부분에 위치하는데 그 전방에서는 삼문三門, 금강전金剛殿, 천왕전天王殿의 인도를 받고, 그 뒤로는 후전後殿이 이어지며, 맨 뒤는 장경루藏經樓 혹은 전각殿閣과 같은 누각으로 끝맺는다. 축선軸線 좌우는

종루鐘樓, 고루鼓樓, 배전配殿이 둘러싸고 있다. 여기에 종종 회랑이 추가되기도 한다.

베이징 벽운사碧雲寺는 앞서 설명한 사찰의 대표라고 할 수 있다. 하지만 이 사찰 뒤에는 돌출된 형상의 금강보좌탑金剛寶座塔이 세워져 있어, 일반적인 사찰과 다른 면모를 보인다.

서구와 비교할 때, 중국의 종교 건축물은 종교에 대한 인간의 열망을 표현하는 데 주력하기보다는 피안 세계의 정신적 평안을 '재현'하려 애썼다. 극락정토란 세속적인 것으로부터 초연하거나 까마득하여 도달할 수 없는 곳이 아니다. 모든 평범한 선행의 필연적 보답이며, 고생과 방종으로 점철된 인생 역정의 자연스러운 귀결점이자, 선한 삶에 대한 긍정이 담긴 공간이다. 그것은 열광적이지도, 신비롭지도 않으며, 거기에는 냉정한 경건만이 존재한다. 선종禪宗은 한층 더 개인의 내면에서 해탈을 찾을 것을 주장한다. 깊은 산에서 양생하고 면벽수행을 하

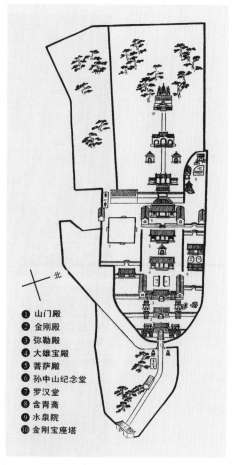

그림 09-22 벽운사 전체 평면도.

❶ 山门殿
❷ 金刚殿
❸ 弥勒殿
❹ 大雄宝殿
❺ 菩萨殿
❻ 孙中山纪念堂
❼ 罗汉堂
❽ 舍青斋
❾ 水泉院
❿ 金刚宝座塔

北

며 평화와 고요를 탐색해야 하는 것이다. 때문에 중국 사찰의 형상은 별다른 요구를 하지 않는다. 그것은 사실상 민간주택의 확대판이거나 황궁의 축소판이다.

중국 사찰의 또 다른 사례로는 명산과 명승지에 흩어져 있는 민간의 사찰을 들 수 있다. 이러한 사찰들은 외부의 대자연을 포함하는

그림 09-23
벽운사 대웅보전 석가불 군상.
_샤오모 촬영

그림 09-24
벽운사의 석조 패방.
_샤오모 촬영

환경을 보다 중시했다.

중국의 전통 건축은 뜰 한 귀퉁이, 전당 한 채 뿐 아니라 심지어는 마룻대 하나, 기둥 하나, 꽃 한 송이, 돌 한 조각과 같은 미시적인 것에도 신경을 썼다. 동시에 만물을 굽어보며, 군생群生을 살피는, 좀더 거시적인 규칙에도 정성을 들였다. 그것은 인공 건축과 대자연이 긴밀하게 융화하면서 유기적 환경을 형성한다. 이 '환경'은 단지 건축물 주변으로만 국한되는 것이 아니라 산과 도시, 협곡과 섬 등 시야를 넓혀 바라본 모든 연관된 공간까지를 포함한다. 이는 중국 건축의 우수한 전통 중 하나이며, 자연을 숭상하고 변증법적 관념으로 전체 국면을 관리하는 탁월한 지혜의 생동감 넘치는 표현이다. 그러므로 옛 사람들은 경치 좋은 산림에 사찰을 지을 때 그것을 하나의 고립되고 정지된 대상으로 보지 않았다. 그들은 시야를 넓혀 산 전체를 바라보았고, 사찰을 유동적으로 움직이는 산 전체에서 하나의 유기적인 부분으로 여겼다. 건축과 자연은 서로 호응하며, 풍부한 '계열'을 만들어낸다. 고저와 기복이 있으며, 복선, 고조, 결속이 있다. 그렇게 함으로써 마치 흩어져 있고 형상이 없는 것처럼 보이는 각 '점'들이 연결되어 엄밀한 전체를 만든다. 동시에 각 사찰은 그것들이 위치한 환경과 유기적으로 어울린다.

창장강 남쪽 연안에 자리 잡고 있는 전장鎭江 금산사金山寺의 뒤편에는 좋은 터에 세워진 탑 하나가 있다. 창장강에 근접한 탑은 남북으로 뻗은 산 능선의 북쪽에 있어 높이 솟아 오른 능선의 남쪽 지형과 균형을 이룬다.

쓰촨의 청성산青城山은 청두成都 부근에 위치한 산으로, 도교의 발상지다. 이곳은 '청성의 고요함은 천하제일이네青城天下幽'라는 말로써 유명해졌다. 청성산은 해발 1300미터고 정상까지의 왕복 거리는 약 30리로, 왕복에 최소 하루의 시간이 필요하다. 청성산에 현존하는 규모가 비교적 큰 도교 사원은 모두 6곳으로, 등산로 상에 고르게 분포되어 있다. 그중 세 개의 대형, 중형 건축군은 클라이맥스를 이룬다. 각 도교 사원들 사이에는 작은 건축물들이 흩어져 있다. 가파른 계단이 끝날 때마다 정자, 누각, 회랑, 다리가 나타나 잠시 쉬어가며 마음껏 경치를 감상할 수 있게 한다. 산 전체 등산로에는 1리마다 정자 하나, 3리마다 역참 하나, 10리마다 숙소가 있다고 알려져 있다.

청성산의 원명궁圓明宮은 남쪽으로는 산비탈을 의지하고 북쪽으로는 계곡에 인접해 있다. 남쪽에 앉아 전방의 계곡을 사이에 두고 북쪽의 작은 산과 마주하는 정경이다. 건축물은 대부분 등고선의 배치에 따라 뒷부분이 높고 앞부분은 낮다. 비록 세로축의 방향이 약간 바뀌긴 하지만 세로축을 따라 배치된 정원과 전당은 대체적으로 세로축 중앙에 위치하고 있다. 세로축 좌우로는 식당과 객료客寮 등 부수적인 건물들이 자유롭게 배치되어 있다. 원명궁에서 가장 칭찬할 만한 점은 바로 산문山門의 처리다. 원명궁 바로 앞이 골짜기이기 때문에 산문을 세로축의 앞부분에 만들지 못하고 좌측 구석(서북쪽)에 만들었다. '원명궁' 세 글자가 쓰인, 산길을 마주하는 큰 조벽照壁, 돌출된 입구, 좁고 긴 녹나무 숲길 등은 사람들의 발걸음을 자연스럽게 원명궁 안으로 이끈다.

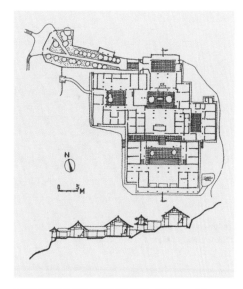

그림 09-26 청성산 원명궁의 평면도와 단면도. _리웨이신李維信 그림

쓰촨 아미산峨嵋山은 '아미의 아름다움은 천하제일이네峨嵋天下秀'라는 말처럼 아름다운 자연경관과 불교 명승지로 유명하다. 보현普賢 보살의 도량道場으로 전해 내려오고 있으며, 가장 번화할 때에는 100곳이 넘는 불교 사찰과 소수의 도교 사찰이 있었다. 현존하는 사찰은 십여 곳으로 산길에 고르게 분포되어 있다. 보통 3리에서 5리마다 작은 사찰 하나가, 20리에서 30리마다 큰 사찰 하나가 있어, 여행객들에게 발걸음을 멈추고 자연미를 감상할 수 있는 기회를 제공한다.

그림 09-27 청성산 원명궁 이궁문二宮門. 출처, 「쓰촨고건축」

아미산 청음각淸音閣의 부지 선정은 매우 전형적이다. 청음각은 백룡강白龍江과 흑룡강黑龍江이라 불리는 두 줄기의 계곡물이 교차하는 지점에 위치한다. 골짜기를 앞에 두고 뒤에는 큰 산이 버티고

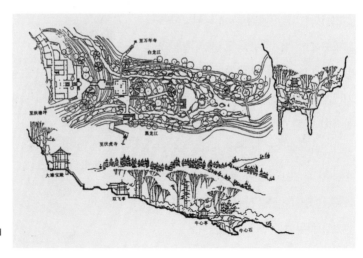

그림 09-28 아미산 청음각의 전체
평면도와 단면도. _리다오핑 그림

있으며, 좌우로 흐르는 계곡물 건너로는 산봉우리가 구불구불 멀리
이어진다. 뒤에서 앞으로, 높은 곳에서 낮은 곳으로 대웅보전, 쌍비
정雙飛亭, 우심정牛心亭이 차례로 자리 잡고 있다. 우심정 앞은 바로 두
줄기의 계곡물이 만나는 지점이다. 거세게 쏟아지는 양 갈래 계곡물
줄기는 우심석牛心石과 부딪쳐, 멀리서도 들을 수 있는 큰 소리를 낸
다. 쌍비정은 몇 갈래 산길이 만나는 교차점에 있다. 서쪽으로 난 길
을 따라 산을 내려가면 보국사報國寺가 나오며, 동쪽으로는 만년사萬年
寺와 통한다. 쌍비정 북쪽에 있는 대웅보전 앞에서 약간 북쪽으로 꺾
어 산을 오르면 홍춘평洪椿坪에 이른다. 규모가 상당히 큰 쌍비정은
이층으로 이루어져 있다. 상하층 모두 완전히 개방되어, 휴식을 취하
고 경치를 구경하기 적합하다. 마치 그냥 지나친다면 아쉬울 만큼 아
름다운 경치가 있으니 발걸음을 멈추라 말을 건네는 것 같다. 쌍비정
에서 우심정을 내려다보고 대웅전을 올려다보면 청음각 전체의 분위
기를 한 층 더 깊이 느낄 수 있을 것이다.

앞서 설명한 사찰들은 자연 경치와는 다른 인공적 창작물을 통해 자연에 인간의 기준과 정취를 더하여 사찰을 관상의 대상으로 만든 사례다.

안후이성 백악산白岳山은 제운산齊雲山이라고도 불리는 도교의 명산이다. 백악산의 사찰 중에서는 태소궁太素宮이 으뜸이며, 명당에 자리 잡고 있다. 태소궁 뒤쪽으로는 옥병봉玉屛峰이 면해 있고, 좌우로는 종봉鐘峰과 고봉鼓峰이 짝을 이루며, 궁 앞으로는 계곡을 사이에 두고 향로봉香爐峰과 마주한다. 향로봉 정상의 정자는 태소궁과 대경對景을 이루는데, 풍수지리 용어로 이를 '안案'이라고 한다. 향로봉 너머로 멀리 바라보면 황산黃山의 천도봉天都峰, 연화봉蓮花峰 등

그림 09-29 아미산 청음각 우심정. _러우칭시 촬영

36개의 봉우리가 뚜렷하게 보인다. 이를 풍수지리에서는 '조朝'라고 한다. 이따금 연기 같은 운무가 자욱하여 쓸쓸하고 처량한 분위기를 자아낼 때가 태소궁에서 경험할 수 있는 가장 감동적인 순간이다.

산시성 오대산五臺山은 중국의 4대 불교 명산 중 하나로, 문수文殊 보살의 도량으로 전해 내려온다. 산에는 많은 사원이 있는데, 대개 타이화이진臺懷鎭에 모여 있다. 그곳이 지리적으로 베이징과 가까운 까닭에 사원들은 베이징식 풍격을 지니며, 대부분 황제의 명령으로 지어져 관방식을 따른다.

타이화이진의 탑원사塔院寺와 탑원사 북쪽에 위치한 현통사顯通寺는 매우 독특하다. 비록 두 사찰 모두 북쪽에 앉아 남쪽을 바라보는

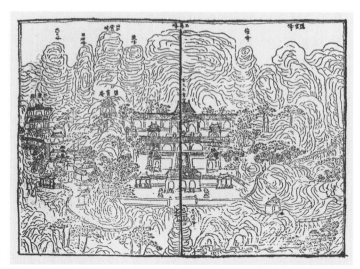

그림 09-30 안후이 제운산 태소궁.
출처 『제운산지齊雲山志』

그림 09-31 오대산 타이화이진 탑원사의 망해루.
_샤오모 촬영

그림 09-32 현통사 동남쪽 입구의 종루.
_샤오모 촬영

가지런하고 대칭적인 구조이지만, 풍수지리설의 영향을 받아 지형과 결합하여 조금은 활발하고 생동감 넘치는 분위기를 자아낸다. 탑원사의 북면과 서면에 봉우리가 우뚝 솟아 있기 때문에, 사찰의 동남쪽에 망해루望海樓를 지었다. 현통사도 동남쪽에 높은 종루鐘樓를 세워 전체적으로 기세의 균형을 맞췄다. 하지만 사찰 자체로만 본다면 그러한 건축물들은 대칭의 구조를 깨뜨려 활달한 느낌을 자아냈다. 또한 망해루와 종루는 각 사원으로 들어가는 동쪽 도로 위에 자리 잡고 있어 사원을 예고하거나 상징하는 역할을 한다. 멀리서 바라보면, 탑원사의 백탑을 중심으로 사찰의 윤곽이 기복을 이뤄 변화무쌍하고 흥미로우면서도 아름다운 화면을 구성한다.

산시성 훈위안渾源의 현공사懸空寺는 또 하나의 중요한 예다. 이 사찰은 항산恒山의 협곡 동쪽 면에 위치하면서 서쪽 면을 향해 '매달려懸挂' 있는 까닭에 그러한 이름으로 불리게 됐다. 현공사는 북위北魏 시기에 창건됐다. 현존하는 건축물은 명나라 시기에 중건된 것이며 여러 번 수리를 거쳤다. 절벽에는 30여 채의 누각과 전당이 붙어 있고, 각 건물 사이는 잔도棧道로 연결돼 있다. 대부분의 건축물은 목조 기둥에 의해 지지되며, 일부는 벽돌 받침대에 의해 지탱된다. 절벽과 수직을 이루는 구조재의 끝은 모두 절벽 안으로 끼워져 있다. 사찰은 높은 공중에 아슬아슬하고 기이하게 매달려 있어 '현공'이라는 이름으로 불리게 됐다. 북측에 만들어진 돌계단을 올라 사찰의 문을 통과하면 넓은 입구가 나온다. 그러나 입구의 면적은 갈수록 다시 좁아진다. 이로 인해 현공사의 전체 평면도는 쐐기 모양을 띤다. 입면의 높낮이는 들쑥날쑥 자유로운 형태를 이루며, 남단에 3층 누각을 세워 현공사의 대미를 장식했다. 현공사 건축 당시 일부러 축소된 척도를 사용했기 때문에, 건물들은 손을 뻗으면 지붕 들보에 닿을 정도

그림 09-33 산시 훈위안의 현공사.
_리즈핑 촬영

로 규모가 작다. 그러나 건물 전체적인 윤곽은 풍성하다. 작고 정교하면서도 기이한 사찰의 모습은 거대한 절벽과의 강렬한 대비를 이루며 우위를 점한다. 만약 이와 반대로 단순하게 건물의 거창함을 추구했다면 높이 100미터가 넘는 거대한 절벽과의 대비에서 공력만 낭비한 채 별 효과를 자아내지 못했을 것이다.

보타산普陀山은 저장성 닝보寧波 동쪽 바다에 떠 있는 작은 섬으로, 관음보살의 도량으로 전해 내려온다. 법우사法雨寺는 섬의 동쪽 해안에 위치한 사찰이다. 법우사의 북쪽과 서쪽에는 모두 산이 있어 지세가 높으며, 동쪽과 남쪽은 바다에 인접해 지세가 낮다. 사찰 전체지형의 균형을 위해 사찰 동남부에 높은 종루를 세워 산문山門을 겸했다. 동쪽으로 치우친 입구를 통과하여 돌로 만든 패방을 지나 북쪽을 향해 걷다가 가로로 긴 형태의 연못 석교를 건너면 구불구불한 비탈길로 들어선다. 시야를 가리는 비탈길 양쪽의 담장은 몇 번의 방향 전환만으로 종루에 이르도록 여행자를 인도한다. 누각 아래의

그림 09-34 법우사 입구의 첫 부분. _샤오모 촬영

그림 09-35 법우사 입구의 두 번째 부분. _샤오모 촬영

그림 09-36 법우사 입구의 세 번째 부분. _샤오모 촬영

그림 09-37 법우사의 측면. _샤오모 촬영

남문으로 입장한 뒤 서쪽으로 방향을 틀면 광장이 나온다. 광장 남
쪽에는 큰 조벽照壁이 있고, 북쪽에는 천왕전天王殿이 있다. 더 북쪽으
로는 중앙 축선을 따라 5채의 전당이 배치돼 있으며, 시야가 탁 트여
있다.

통로 양쪽에 담을 쌓아 입구에 이르게 하는 방식은 여러 지역의

사찰에서 쉽게 볼 수 있다. 이러한 방식은 마치 천안문광장의 천보랑千步廊처럼 함축적이며, 동시에 심리 변화 과정이 요구하는 바이기도 하다.

앞에서 열거한 사례들은 모두 거대한 환경과의 호응을 강조한다. 사실 환경의 크기와 상관없이 우수한 환경 예술 작품들은 모두 세심한 고려를 보여준다. 이러한 상황은 중국의 각 시대, 각 지역 어디서든 발견할 수 있으며, 수많은 사례를 열거할 수 있다.

10장

근대에서 현대까지

근대 이래로 세계화의 속도가 점점 빨라지면서 세계 각 나라와 각 민족 간의 교류 역시 빨라졌고, 이에 따라 문화 동질화 경향이 나타났다. 그러나 동시에 몇 천 년 동안 세계 각지에서 형성된 문화 전통은 종결되지 않았다. 전통은 계승될 뿐 아니라 발전하기도 하며, 동시에 문화 이질화 경향도 존재한다. 근대 이래 세계 건축 문화의 발전 과정을 탐구하면서 중국의 발자취를 회고하는 일은 흥미로운 작업일 것이다.

현대 건축의
맹아

1760년대 영국에서 처음 시작된 산업혁명은 1781년 영국인 제임스 와트가 증기기관을 발명하고 사용하면서 더욱 발전했다. 산업혁명 전후로 발생한 1642년의 영국혁명과 1789년의 프랑스혁명은 모두 봉건주의에 저항하는 자산계급의 사회혁명으로, 봉건제도를 전복하고 자산계급 정권을 수립했다.(그리고 이로부터 몇 년 뒤 미국이 독립했다.) 19세기 후반 제2차 산업혁명 중에 발전기, 전동기, 전화, 전등, 내연기관과 비행기가 발명됐으며, 생산력이 대폭 증가했다. 프랑스, 독일 및 미국이 잇따라 산업혁명을 완수하면서 자본주의가 크게 발전했다.

건축의 모더니즘 혁명 역시 싹을 틔우기 시작했다. 이상하게 들리겠지만 건축의 모더니즘 혁명의 신호탄은 건축가가 아닌 영국의 조경가인 팩스턴과 프랑스의 엔지니어 에펠이 쏘아 올렸다. 팩스턴은

그림 10–01 런던의 수정궁.
출처 「세계 저명 건축 전집」

그림 10–02 파리의 에펠탑.

초대 만국박람회가 열린 런던의 수정궁(1851)을 설계하고 만들었으며, 에펠은 이후에 열린 만국박람회의 상징인 에펠탑(1889)을 디자인했다. 수정궁과 에펠탑은 비용과 시간이 많이 드는 비싼 석재 대신

조립식이며 시공 속도도 빠른 강철을 사용했다.

이 두 건축물의 승리가 갖는 의미는 단순히 건축물 그 자체에 국한되지 않는다. 그것은 분명 보수적인 건축 예술사상에 대한 거대한 충격이었고, 건축 예술이 시대를 따라 전진해야 함을 증명했다.

제1차 세계대전(1914~1918) 전후로 유럽은 영국의 '수공예운동', 벨기에의 '신예술운동', 오스트리아의 '분리파', 독일의 표현주의와 '독일 공작연맹' 등 이러저러한 신건축 실험운동을 시작했다. 뿐만 아니라 이탈리아의 미래주의, 프랑스의 입체주의, 네덜란드의 추상예술운동, 러시아의 구성파와 스페인의 건축가 가우디 등도 각종 실험에 참여했다. 역사상 유례가 없던 위대한 건축 혁명이 서양에서 시작하여 점차 전 세계로 발전했던 것이다.

2 / 모더니즘 건축

　독일공작연맹에서 이어져 온 바우하우스 학파는 독일공작연맹을 추월하여 진정으로 모더니즘 건축의 실질적 내용의 성숙을 이룬 건축운동을 전개했다. 제1차 세계대전의 종식과 동시에 모더니즘 건축이 정식으로 출현했다. 모더니즘의 전체적 특징은 기능의 문제에 대한 합리적 해결을 중시하며 냉정하고 이성적인 창작을 강조한다. 때문에 '기능주의' 혹은 '이성주의'라고 불린다. 공인된 모더니즘 대표 건축가로는 독일의 그로피우스, 프랑스의 르코르뷔지에, 독일의 미스 반데어로에, 미국의 프랭크 로이드 라이트를 꼽을 수 있다.

　바우하우스는 1919년 그로피우스가 설립한 건축공예학교의 명칭이다. 1926년 그로피우스가 설계하여 독일 데시우가 만든 새로운 학교 건물이 바우하우스 학파의 대표작이다.

　학교 건물의 전체 평면은 마치 세 개의 날개로 이루어진 바람개

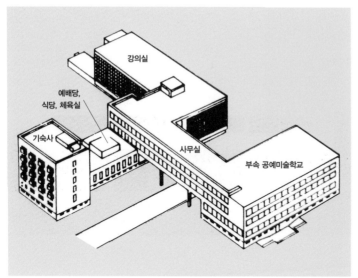

비 모양이다. 세 개의 날개 부분은 각각 4층으로 이루어진 강의동, 6
층으로 이루어진 학생 기숙사와 4층으로 이루어진 부속직업학교다.
강당과 식당은 강의동과 기숙사를 연결하고 있으며, 도로를 가로지
르게 만들어진 건물은 사무실로 강의동과 부속학교를 연결하고 있
다. 설계자는 먼저 기능에서 출발하여 각각의 건물을 배치하면서 동
시에 건축의 예술 문제를 종합적으로 해결했다. 이 건축물의 설계는
먼저 대칭과 같은 전통적인 형상을 정한 후 그 안에 각종 용도의 방
을 채워 넣는 복고주의적 설계와 완전히 다르다. 이 건축물의 설계는
'안에서 밖으로' '기능이 형식을 결정한다' 등의 구호를 낳았고 '국제
식'이라 불렸다. 뿐만 아니라 콘크리트, 유리 등 신소재와 가구식구
조架構式構造가 제공하는 완전히 새로운 가능성을 충분히 활용했다. 상
부를 간결하고 평평하게 했고, 커다란 석회벽과 유리창을 사용했으
며, 불필요한 장식을 피하여 참신하면서도 밝고 깨끗하고 소박한 모

그림 10-04 파리의 사보아 저택.
출처 『예술과 건축 속의 모더니즘』

더니즘 스타일을 보여줬다.

　　한편 사보아 저택(1928)은 르코르뷔지에가 설계했다. 저택의 평면
은 거의 정사각형 모양에 가까우며, 3층으로 이루어져 있다. 저택의
외관은 간결함의 극치를 보여주는데, 가는 원기둥이 흰색 상자를 받
치고 있다. 하지만 내부 공간은 예상과 다르게 풍부하다. 건물을 떠
받치고 있는 1층에는 현관홀과 차고, 계단과 경사로를 배치했다. 2층
에는 넓은 응접실과 마찬가지로 넓은 노천 응접실, 그리고 노천 응접
실과 연결돼 있으며 절반만 오픈되어 있는 휴식 공간, 몇 개의 침실
과 주방이 있다. 꼭대기 층은 대부분 옥상정원으로 꾸며져 있다.

　　르코르뷔지에의 초기 설계 경향은 건축 이성주의로, 뚜렷함과 깨
끗함을 주장하며 '집은 거주를 위한 기계'라는 놀라운 구호를 내놓
았다.

　　스페인 바르셀로나에서 열린 만국박람회의 독일관(1939)은 미스
반데어로에의 걸작이었다. 규모는 그리 크지 않고 디자인도 간단했지

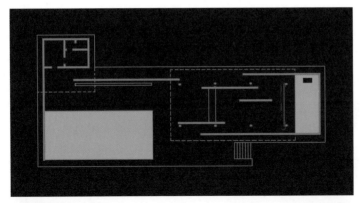

만 국제적 스타일의 또 다른 모범이었다.

　독일관의 메인 건물은 8개의 가는 십자형 강철 기둥이 24미터 크기의 지붕판을 받치고 있는 형태다. 기둥 골조 안팎으로는 대리석과 마노, 유리 벽면이 있다. 가장 우측에 있는 외벽은 지붕까지 뻗어나갈 뿐 아니라 세로 방향의 작은 인공 못을 둘러싼다. 연못의 뒤쪽에는 팔을 왼쪽 복도로 향하고 있는 조각상이 하나 세워져 있다. 독일

그림 10-07 미국 피츠버그의 낙수장. 출처 『건축의 뜻』   그림 10-08 시카고 마샬 필드. 출처 『외국 근현대 건축사』

관의 좌측 뒤편은 사무실이고, 앞에는 가로 형태의 큰 인공 못이 있
다. 건물의 왼쪽과 오른쪽은 긴 벽으로 연결되어 있다. 독일관 전체
가 큰 돌 위에 자리 잡고 있으며, 홀 안에는 몇 개의 의자 외에 텅 비
어 있다. 건축물 자체가 유일무이한 전시품인 셈이다.

　이 건축물은 먼저 공간창조 면에서 뛰어난 성취를 보여준다. 전통
적인 육면체 공간 개념을 타파하고 전에 없던 '유통의 공간'이 출현
한다. 모든 공간은 말로 설명하기 어려울 뿐 아니라 한계도 모호하여
서로 교차하고 스며들면서 실외까지 이른다. 각종 자재들을 직접 연
결하여 어떠한 과도함이나 장식도 허락하지 않았다. 절대적으로 간
결하면서도 그 가공은 극도로 정교하여 "적을수록 많다"라고 한 미
스 반데어로에의 유명한 명언을 실현했다. 이 구호는 비엔나의 건축
가 아돌프 로스가 말한 "장식은 곧 죄악이다"와 멀리서 서로 호응하
며 모더니즘의 명언이 됐다.

　라이트는 미국 피츠버그에 세운 낙수장(1936)에서 지역색, 인간과
자연, 건축과 환경의 유기적인 결합을 중시하여 그가 주장한 '유기건

그림 10-09 뉴욕의 엠파이어스테이트 빌딩.   그림 10-10 시카고 시어스 타워. 출처 「세계 건축」

축론'을 재현하려 애썼다.

　19세기 후반 시카고학파는 특별히 고층 건축에 매료됐다. 고층건물의 건축은 철근콘크리트와 철골구조의 발명에 힘입어 가능해졌다. 20세기 초 고층건물의 높이는 100미터에 달했다. 1931년 뉴욕에 건설된 102층, 381미터의 엠파이어스테이트 빌딩은 42년 동안 세계기록을 유지했던 에펠탑의 328미터 기록을 깨뜨렸다. 그로부터 42년이 지난 뒤, 1973년에 건설된 뉴욕 세계무역센터가 110층, 411미터로 왕좌를 차지했지만 겨우 1년 만에 시카고의 시어스 타워에게 그 자리를 빼앗겼다. 이 고층 건축물들은 모두 타워 형식이다. 시어스 타워(1974)는 110층, 높이 443미터로, 길이 22.9미터의 정사각형들로 이루어진 9개의 사각기둥으로 한 변이 68.7미터인 커다란 사각기둥을 형성했다. 위로 올라갈수록 사각기둥의 수가 점점 줄어 최상부에는 두 개의 사각기둥만이 남는다.

마천루라고도 불리는 고층 건축물은 모더니즘 건축의 위대한 성취 중 하나이며, 인구 밀집으로 용지가 부족한 현대 도시에 적합하다. 기술적 이유와 거센 고층의 바람 때문에 베란다를 설치할 수 없으며, 심지어 창문도 열 수 없다. 간결하고 정연한 외형을 추구하는 마천루는 탑상형과 판상형 두 종류가 있다.

다수의 마천루가 세계 각국에서 우후죽순 출현하여 깔끔하고 단정하며 하늘을 향해 우뚝 솟은 생기발랄한 모습을 보여주고 있다. 고층 건축물은 단순하고 매끈하며 질서정연한 외형 때문에 '네모 상자'라고 불린다. 이러한 특징은 정통 모더니즘 건축의 국제적 풍격을 드러낸다. 하지만 고층 건축물은 도시에 많은 새로운 문제를 야기한다. 거대한 고층건물들이 빽빽하게 서 있는 풍경은 질식할 것 같은 '인공협곡'을 조성하며 사람들로 하여금 압박감과 불편함을 느끼게 한다. 바람은 협곡 안에서 배회하지만 새들의 모습은 더 이상 찾아볼 수 없다. 사람들은 고개를 높이 들고 빌딩 사이의 좁은 틈을 통해야만 겨우 오염된 하늘 한 조각을 볼 수 있을 뿐이다. 맑고 탁 트인 파란 하늘과 흰 구름은 일찍이 희귀한 풍경이 됐다.

전형적인 모더니스트들은 고의적, 기계적으로 '기능'과 '이성'만을 선양하며 전통과 휴머니즘은 배제한다. 그들이 건설한 다수의 '국제적' 건축물들은 천편일률적인 단조로움으로 많은 사람의 반감을 샀다. 역사, 향토, 개성, 인정은 과연 시대성과 공존할 수 없는가? 이성과 정감은 필연적으로 공생할 수 없는가?

맨해튼 세계무역센터 102층에서 일했던 첼시는 높은 연봉의 직업을 기꺼이 포기하고 뉴멕시코 주의 농장으로 이주했다. 그녀는 말했다. "저는 엘리베이터를 타자마자 근육에 경련이 일어납니다." 이와

그림 10-11 뉴욕 맨해튼의 빌딩 숲.

그림 10-12 프랑스의 롱샹 교회. _샤오모 촬영

그림 10-13 뉴욕 케네디공항의 TWA 터미널. 출처 『세계 저명 건축 전집』

같은 어수선함, 혼란, 몰인정함은 확실히 사람을 질식시킨다. 뉴욕 시
민들이 주말만 되면 도시를 벗어나 자연으로 돌아가려고 하는 이유
가 여기에 있다. 그리고 이런 상황을 민감하게 감지한 건축가들은 새
로운 탐색을 시도했다.

1953년 르 코르뷔지에가 프랑스의 한 외딴 시골에 지은 롱샹 교회는 비교적 이른 참신한 시도이자 꽤 성공적인 작품이 됐다. 이 시골 교회당은 독특한 형태를 자랑한다. 벽과 지붕은 어느 한 곳도 평면이 없이 굴곡을 이룬다. 조형감이 뛰어난 외관은 낭만적인 분위기로 가득하여 말로 형용하기 힘들다. 평면적이고 직선적인 전통적 관념으로는 평가하기 어려운 이 건축물은 속이 빈 추상 조각품이라 부르는 게 나을 만큼 독특한 예술적 표현력을 지닌다.

뉴욕 케네디공항의 TWA터미널은 미국인 이에로 사리넨이 1956년 설계한 건축물이다. 이 건축물의 외관은 콘크리트로 만든 얇은 곡선의 셸로 이루어져 있는데, 이는 날개를 펼치고 비상하려는 커다란 새를 형상한다. 활주로를 향해 뻗은 뾰족한 머리 부분은 콘크리트의 가능성을 성공적으로 활용하여 보는 사람을 감격시키기에 충분한 형상을 창조해냈다.

호주 시드니의 오페라하우스는 반도에 위치해 있다. 육지와 접해 있는 반도의 남쪽에는 입구로 향하는 폭이 91미터에 달하는 큰 계단이 있다. 오페라하우스의 하단은 기좌에 해당하는 넓고 커다란 플랫폼이며, 실내에는 다수의 홀이 있다. 플랫폼 위에 병렬로 자리 잡고 있는 오페라하우스와 음악홀의 지붕은 각각 4개의 호면으로 이루어져 있으며, 지붕의 가장 높은 부분은 지면에서부터 67미터 떨어져 있다. 휴게실은 북쪽 바다를 향하고 있어 범선과 갈매기 떼를 조망할 수 있다. 플랫폼의 서남쪽에는 두 개의 호면이 지붕을 이루는 식당이 있다. 모든 호면은 흰색의 세라믹 타일을, 플랫폼은 분홍색 화강암을 외장재로 사용했다.

오페라하우스는 1956년부터 설계를 시작했지만 구조가 지나치게 복잡해 공사 기한이 17년이나 지연됐으며 비슷한 규모의 다른 건축

물들에 비해 공사 비용이 14배나 더 소요됐다. 이 건축물은 그와 같
은 노력 끝에 1973년에야 겨우 완공됐다.

오페라하우스에 대한 평가는 극도로 황당하다는 평과 조형에 있
어 비범한 성공을 거두었고, 심미적 요구를 만족시킨 빼어난 작품이
라는 평으로 나뉘었다. 어떤 이들은 오페라하우스를 실패한 건축물
이라 평했지만, 어떤 이들은 사람을 감동시키는 작품이라고 평한다.

지역과 민족 전통에 대한 회고는 전후 건축의 또 다른 경향이었다.
이러한 경향은 지금까지도 독특한 민족 전통을 다수 보존하고 있는
일본에서 특히 두드러진다. 1964년 일본 건축가 단게 겐조가 설계한
도쿄 요요기 국립경기장이 바로 그 예다.

도쿄 요요기 국립 경기장은 1만5000명을 수용할 수 있는 주경기
장과 4000명을 수용할 수 있는 구기 종목 경기장으로 이루어져 있
다. 두 경기장 지하에 위치한 훈련실과 사무실은 서로 연결되어 있
다. 주경기장의 양쪽 끝에는 콘크리트 기둥이 세워져 있다. 기둥 아

그림 10-15
도쿄 요요기 국립 경기장.

래 부분은 서로 마주보며 휘감아 도는 길다란 콘크리트 꼬리를 잡아 당긴다. 꼬리는 수십 개의 짧은 기둥으로 떠받쳐져 있고, 꼬리의 끝 부분은 멀리 뻗어나가 서로 맞물리는 두 개의 반달 모양을 이룬다. 여기서 맞물린 부분은 타원형의 경기장이고, 거대한 꼬리는 관중석 이다. 길게 뺀 꼬리 부분은 경기장 양단에 위치한 탑에 각각의 뾰족 한 뿔을 형성했는데, 이곳이 바로 입구다. 지붕은 고강도 철근 케이블 로 엮은 구조이며, 가장 뒷부분은 일본 고전 건축물의 요곡면^{凹曲面} 지 붕과 상당히 흡사한 형태다. 한편 케이블 구조는 두꺼운 곡선 형태의 용마루를 구성한다. 구기종목 경기장은 하나의 기둥을 사용했는데, 그 기둥에서 나온 꼬리가 기둥을 둘러싸면서 원형을 만든다. 한 바 퀴 돌고 다시 바깥으로 삐져나온 부분은 입구가 됐다.

단게 겐조는 전통을 그대로 답습하는 것에 반대했다. 주목할 만한 점은 그가 창조한 형상이 가장 선진적인 기술을 운용했을 뿐 아니라 기능적 문제를 흠잡을 데 없이 해결했다는 것이다. 또한 구미의 모델을 기계적으로 답습하지 않으면서 민족 전통의 멋과 기품을 드러냈다.

요요기 국립 경기장은 추상적, 상징적 의미를 지닌 작품이라고 볼 수 있다. 힘 있게 회전하는 평면과 형상은 마치 방금 응고된 회오리 바람 같다. 또 곡선의 꼬리를 잡아당기는 거대한 기둥은 향상에 대한 강렬한 기세를 나타낸다. 내부 공간에 가득 찬 기묘한 힘은 사람의 기분을 고조시켜주는데, 이는 체육 건축물의 성격에 대단히 부합한다.

3

비전통적인 방법으로
전통 자재를 조합하다
— 포스트모더니즘 건축

1977년 미국의 건축가 찰스 젠크스는 『포스트모더니즘 건축의 언어』를 출판하며 맨 처음 '포스트모더니즘'이라는 용어를 사용했다. 사실 이보다 앞선 1966년 미국의 건축가 로버트 벤투리는 『건축의 복잡성과 대립성』이라는 책에서 포스트모더니즘의 이론을 제시한 바 있다. 그는 모더니즘의 '집은 거주를 위한 기계' 구호와 첨예하게 대립하며 "건축은 사상을 담는 용기"이자 "인류생활의 정신적 터전"이라고 주장했다. 포스트모더니스트들은 모더니스트들이 자랑으로 여기는 "형식은 기능을 따른다"는 말을 비틀어 "형식은 패배를 따른다"고 바꿨고, 나아가 "형식이 기능을 낳는다" "형식이 기능에게 영감을 준다" "형식은 형식을 따른다" 등의 구호를 외쳤다. "적을수록 많다" "장식은 곧 죄악이다"라는 모더니즘의 구호에 맞서 포스트모더니즘은 "적으면 적고 많으면 많다"라고 주장하며 기호와 장식의

그림 10-16 라스베이거스의 거리.

작용을 강조했다.

　모더니즘 건축의 이성, 순수, 질서에 대해 벤투리는 서슬 퍼런 목소리로 혼잡함을 추구할지언정 순수는 원치 않고, 절충, 모호함, 혼란 따위를 추구할지언정 정돈, 명확성, 통일은 원치 않는다고 주장했다. 그들은 예술성, 인간미, 향토(현지의 언어를 말하는 것), 대중화를 추구했다. 벤투리는 1972년 출간한 책 『라스베이거스의 교훈』에서 미국 서부 네바다 주 사막에 위치한 벼락부자를 연상시키는 도박과 춤의 도시 라스베이거스에 대해 말한다. 그는 그곳의 카지노와 호텔,

호화로운 나이트클럽, 좁은 골목들, 어떠한 '주의主義'도 배제한 채 사람들의 눈길을 사로잡는 건물들, 네온사인, 광고판, 패스트푸드점의 간판들이 모두 대중의 호감을 구현한다고 여겼다. 이처럼 이 책은 대중적, 세속적 문화에 대한 포스트모더니즘의 긍정적 태도를 반영한다.

포스트모더니즘이 특히 강조하는 바이자, 동시에 포스트모더니즘과 모더니즘의 가장 큰 차이이기도 한 것은 바로 전통 회귀의 특징이다. 물론 벤투리가 추구하는 전통 회귀는 단순한 복고가 아니다. 그가 제시한 방법은 "비전통적 방식으로 전통적 요소들을 조합한다" "전통적 요소들과 새로 도입한 알맞은 요소들을 이용하여 독특한 총체를 구성한다"는 것이었다. 이것은 일종의 '은유'이자 '이중코드'(전통과 현대, 고상한 것과 세속적인 것)였다.

이와 같은 벤투리와 젠크스의 급진적인 주장을 완벽히 관철시키고, 건축가 스스로 인정하거나 사람들이 공인하는 포스트모더니즘 작품은 많지 않다. 대표적인 작품으로는 1963년 벤투리가 그의 어머니를 위해 필라델피아의 체스트넛 힐에 지은 '어머니의 집', 필립 존

그림 10-17
미국 필라델피아 체스트넛의
'어머니의 집'.
출처 「현대 서방 건축 이야기」

그림 10-18 뉴욕 AT&T 빌딩. 출처 『건축의 뜻』

그림 10-19 미국 뉴올리언스의 이탈리아 분수 광장.

슨이 1974년에 설계한 뉴욕 맨해튼의 AT&T 빌딩, 미국인 찰스 무어가 1978년에 건설한 뉴올리언스의 이탈리아 분수 광장, 미국의 건축가 마이클 그레이브스가 설계한 포틀랜드 공공빌딩(1982)이 있다. 이러한 작품 속에서 사람들은 농후한 전통적 '은유'와 현대와 전통 사이의 '이중코드'를 발견할 수 있다.

　이탈리아 분수 광장은 포스트모더니즘의 대표작이라고 할 수 있다. 광장은 뉴올리언스의 이탈리아계 지역 사회에 위치하며, 이 지역 구성원들이 축제를 열던 장소다. 광장 중앙의 원형 분수대 안에는 돌을 깔아 만든 24미터 길이의 이탈리아 지도가 있으며(뉴올리언스에 이민 온 이탈리아인들은 대부분 시칠리아에서 왔기 때문에 시칠리아를 분수대의 중앙에 오도록 했다), 부채꼴 모양의 회랑은 분수대를 절반쯤 에워싸고 있다. 회랑의 구조는 매우 기이하다. 서로 다른 구성요소가

그림 10-20 포틀랜드 공공빌딩 설계도, 출처 「세계 건축 잡지」

혼잡하게 섞여 있어 마치 무대의 배경처럼 보인다. 이와 같은 요소들 속에서 사람들은 어렴풋이 아치형 문, 기둥머리가 있는 회랑, 팔라디오 조합과 같은 이탈리아 르네상스 건축물의 흔적 또는 그 변형을 본다. 하지만 모든 구성 요소는 돌 대신 스테인리스, 미러 유리 등 현대적 자재를 사용했으며, 기둥 위 홈에는 네온등을 설치했다. 네온등은 빨강, 노랑, 파랑 등 원색을 주로 사용했다. 그것들의 어지러운 배열, 고전적이면서 현대적이고, 고상하면서도 통속적인 형태는 포스터모더니스트들이 주창하는 '이중코드', 모호함, 어수선함, 통속성 등과 같은 관념을 충분히 드러낸다.

포틀랜드의 공공빌딩은 네모반듯한 15층 사무용 건물이다. 고전 건축처럼 토대와 건물, 지붕 등 3단으로 이루어져 있으며, 기둥, 기둥머리, 심지어 키스톤까지 찾아볼 수 있다. 건축물의 측면은 정면과 호응을 이룬다. 이는 벤투리의 "비전통적 방식으로 전통적 요소를 조합한다"는 주장과 '이중코드' 등의 개념을 전형적으로 드러낸다. 이 건축물은 포스트모더니즘 이론을 바탕으로 해석하지 않더라도 비교적 성공적인 작품이다.

포스트모더니즘에 대해 우리는 명확한 인식을 가져야 한다. 인간의 정신적 요구와 형식적 탐색에 천착하는 포스트모더니즘은 우리에게 중요하면서도 긍정적인 영감을 제공한다. 벤투리가 제기한 "비전통적 방식으로 전통적 요소를 조합한다" "전통적 요소들과 새로

도입한 알맞은 요소들을 이용하여 독특한 총체를 구성한다"는 주장은 알맞게 활용될 경우 현재와 역사를 연결해주는 참조점으로 여겨질 수 있다. 하지만 포스트모더니스트들은 사회의 기본적 문제에 대해 소홀하며 형식과 기법에 치중한다. 뿐만 아니라 "차라리 ……할지언정, ……하지 않는다"는 식의, 겉모습은 그럴듯하지만 실제로는 그렇지 않은 표현은 포스트모더니즘보다 더 경박한, '아방가르드'라고 통칭되는 많은 형식주의 유파에 부정적인 영향을 끼쳤다.

그림 10-21 워싱턴 미국 국가미술관 동관. 멀리 국회의사당이 보인다.
출처 『영웅주의 건축』

다른 한편으로는 포스트모더니스트들의 생각과 달리 모더니즘이 종결되지 않았다는 점이다. 모더니즘은 여전히 살아남아 발전하면서 감정을 보다 충실하게 표현하고 있다. 그 대표적인 예로는 워싱턴에 건설된 국가미술관 동관(1978, 이오 밍 페이)과 '유리 피라미드'로 유명한 루브르궁 개조 프로젝트(1989, 이오 밍 페이)를 들 수 있다.

모더니즘의 새로운 발전에는 몇몇 마천루도 포함된다. 1986년 인도 뉴델리에 건설된 바하이교 사원은 이란 출신의 캐나다 건축가 파리보즈 사바가 설계한 건축물로, 당대 건축 예술의 걸작으로 평가받고 있다. 사원은 9개의 연못이 중앙에 있는 거대한 흰색 연꽃 모양의 건물을 둘러싸는 중앙 집중식으로 이루어져 있다. 중앙 건물의 외장은 모두 하얀 대리석을 사용했고 3개의 층, 45개의 꽃잎으로 이루어져 있으며, 직경은 70미터, 높이는 34미터에 달한다. 9개의 연못은 마

그림 10-22 파리 루브르 미술관 개조 프로젝트의 유리 피라미드.

그림 10-23 뉴델리 바하이교 사원의 전경. 출처 『인도 현대 건축』

치 9장의 연꽃 잎사귀처럼 한 떨기 흰색 연꽃을 떠받치고 있는 형상으로, 맑고 깨끗한 현대적 감각을 뽐낸다. 인도의 많은 종교가 연꽃을 숭상하기 때문에 이 건축물 역시 연꽃을 테마로 선택했지만, 전통 건축의 응용에 심혈을 기울이기보다는 전통적 상징과 진정한 미적 형상에 천착하여 이를 연꽃으로 표현했다.

사람들의 생각과 느낌은 대체로 비슷하다. 많은 사람은 이미 감정의 호소에 귀를 기울이고 있었다. '포스트모더니즘'을 주창한 몇 사람만 그것을 알아챘던 것이 아니다. 하지만 '포스트모더니즘'의 긍정적 가치를 인정하는 동시에, 그것의 부정적 측면이 야기하는 나쁜 영향이 더 크다는 점도 지적해야 한다. 이 나쁜 영향이란 필자가 '아방가르드'라고 통칭하는 사조의 출현을 뜻한다.

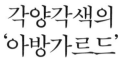

4

각양각색의
'아방가르드'

개인적 사고의 팽창이 두드러지는 당대의 서양에서 만약 포스트모더니즘의 부정적 방향이 가리키는 곳으로 반걸음만 더 간다면, 우스꽝스러운 익살극이 펼쳐지는 광경을 보게 될 것이다. 예를 들어 '기이한 건축'(팝아트)은 건축을 일종의 유희로 간주하는 유파다. 이 유형의 건축물이 갖고 있는 유일한 공통점은 제각기 다르다는 점이다. 건축이론가 찰스 젠크스가 말한 것처럼, 기이한 건축물의 창작 목적은 유명해지기 위해서다. "그것을 향해 어떤 견해를 표출하는 것은 곧 그것을 홍보하는 것과 다름없다. 왜냐하면 전형이 되기만 하면 유명해지기 때문이다. 미국 휴스턴의 베스트프로덕츠 전시관(1975)은 전형적인 '기이한 건축'이다. 허물어진 벽, 심지어 부스러기 더미도 이 건축물에서는 조형적 요소가 된다. SITE 사에서 설립한 학교 내에 세워진 이 건축물은 못 쓰게 된 벽돌과 돌 더미가 몇 층 높이의

그림 10-24 미국 휴스턴 베스트프로
덕츠 전시관. 출처 『세계의 건축』

그림 10-25 라스베이거스의 '믿거나 말거나 박물관'.

옥상에서 아래 지붕까지 외벽을 따라 쏟아져 내려오는 형태를 띤다. 이와 같은 건축물은 그 수가 상당히 많다. 건물의 한 면이 무너지고 있는 '믿거나 말거나 박물관', 폐허처럼 생긴 미술관 등, 일일이 열거하기 어렵다.

1977년 도시 곳곳이 고전 건축물로 즐비한 역사와 문화의 도시 파리의 시 중심에 마치 화학 공장처럼 보이는 괴상망측한 건물이 출현했다. 큰길을 향하고 있는 건물 면에는 컬러풀하고 불규칙한 모양의 파이프가 잔뜩 걸려 있으며, 마치 연통 혹은 배기통처럼 보이는 것들이 밖으로 노출되어 있다. 사실 이 건축물은 무슨 공장이 아니라 퐁피두 대통령의 이름을 따서 지은

그림 10-26
파리 퐁피두 국립문화예술센터.

국립 예술문화센터다. 광장을 향하고 있는 또 다른 면에는 몇 개의 수평식 복도와 사선으로 올라가는 에스컬레이터가 있다. 복도와 에스컬레이터 모두 원형의 유기 유리로 덮여 있어 역시 반짝반짝 빛나는 큰 파이프를 연상시킨다.

'하이테크'라고 불리는 이 건축물은 평론가들에 의해 인간과 정신, 문화와 예술을 망각한 '우연히 파리에 착륙한 비행기'라는 질책을 받았다. 환경을 전혀 고려하지 않았고, 건축의 사명을 위배했다는 것이다. 내부 공간도 지나치게 유연하여 서로 방해가 되며 사용하기에도 편리하지 않다.

'해체주의'는 1960년대 프랑스 철학자 자크 데리다가 제창한 이론으로, 본래는 일종의 (어쩌면 엄숙한) 철학적 학설이며 건축과 관련이 없다. 데리다는 건축에 대해 잘 몰랐다. 그가 1980년대 자칭 해체주의 건축가라고 부르는 베르나르 추미와 피터 아이젠만과 처음 만

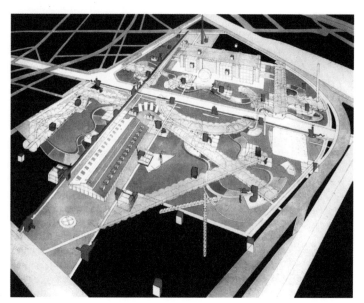

그림 10-27 파리 라 빌레트 공원.
출처 『형식주의 건축』

났을 때, 그는 그들의 말을 이해하지 못했다. 하지만 이후 그는 『미친 관점 — 오늘날의 건축』을 발표해 추미를 위한 무대를 마련해줬고, 이로써 '해체주의 건축'이 순조롭게 무대에 등장한 것이었다.

추미는 1980년대 그가 설계하고 건설한 파리의 라빌레트 공원에 대해 이렇게 해석했다. 세 가지 서로 다른 '체계'(즉 120미터 길이의 격자가 교차되는 지점에 마지못해 '건축 소품'이라 부를 수 있을 물건들이 이루는 '점', 어지러이 교차하는 도로로 구성되는 '선', 그리고 드넓은 녹지와 강들이 펼쳐놓은 '면'을 말함)를 완전히 우연적으로 겹쳐 놓아 각양각색의, 누구도 생각지 못하는 정경을 만들어낸다. 이와 같은 우연적, 불연속적, 부조화적인 '결합'이 불안정하고 단절적이며 분열된 효과를 자아내는 것을 가리켜 '해체'라 한다.

맨 처음 모더니즘의 구호를 외쳤던 젠크스마저도 앞서 상술한 무법천지의 '주의'를 차마 눈뜨고 볼 수 없었다. 젠크스는 아이젠만이 해체주의를 신봉하는 것과 그가 정신과 치료를 받았던 사실을 연관시켜 "이 두 가지 사건이 서로 영향을 끼쳤음은 의심할 여지가 없다"고 말했다.

해체주의자들은 혼란으로 형식의 정상적 질서를 전복하고 흐트러뜨리려고 애썼다. 하지만 이는 건축에 대한 일종의 심각한 오독이었다. 판덴 베르헤는 "대중은 내용 없는 대중문화 작품과 실천을 소비하는 것으로 내면의 공허를 만족시킨다. 그리고 내면이 공허할수록 더 많은 내용 없는 대중문화 작품과 실천을 소비한다"고 걱정했다. 그의 걱정처럼 유행은 시작됐고, 그 여파는 쉽게 가라앉지 않았다.

이처럼 갖가지 '아방가르드'는 단지 개성을 떠벌리는 것에만 집중하는 최악의 '모더니즘'이다. 건축이 어느 곳을 향해 나아가야 하는지에 관한 문제는 또 한 번 사람들을 고뇌에 빠뜨리게 했다.

내가 생각하기에, 모더니즘은 끊임없이 생장하고 번성하며 영원무궁하다. 포스트모더니즘은 모더니즘을 보충하는 역할로, 그 나름의 합리적인 면이 있다. 그러나 '아방가르드'는 커다란 문제를 지니고 있다. 기타 예술 영역에서는 공공이익을 침범하지 않는 선에서 개인적 장난을 치더라도 무방하지만, 공공적 성격이 매우 짙은 건축 영역에서는 (설사 그것이 사유재산일지라도) 용인될 수 없다.

실제로 모더니즘은 여전히 현재 세계 건축의 주류이며, 실제로 건설되는 대부분의 건축물들은 일부러 기이함이나 독특함을 뽐내지 않는다. 모더니즘의 기본적인 원칙을 지키면서 다원적 문화의 방향으로 건축을 발전시키는 것이야말로 여전히 다수의 책임 있는 건축가들이 갖고 있는 신념이다.

5

중국의 추세

중국의 전통건축은 독특하면서도 위대한 성취를 이룬 후, 마침내 본연의 역사적 임무를 마치고 20세기 초부터 역사의 장에서 사라졌다.

제2차 세계대전 이전에는 서양에서 출현했던 각종 주의가 중국에서도 모두 출현했다고 볼 수 있다. 신고전주의, 절충주의, 모더니즘 등이 대도시의 조계지에서 먼저 출현했다. 이에 대한 저항으로 근대 중국에서는 또 한 번 '민족형식'에 기초한 건축운동 바람이 거세게 불었다.

1926년에 지어진 중산릉中山陵은 중국의 청년 건축가 뤼옌즈呂彦直의 수작이다. 중산릉은 난징의 자금산紫金山 남쪽 기슭에 자리하고 있다. 입구에 세워진 돌로 만든 패방을 지나가면 완만하게 경사진 긴 신도神道가 정문에서 큰 비각까지 이어진다. 비각을 지나면 경사가 급해진다. 넓은 계단과 층계참 사이에서 순차적으로 시작되는 급경사

그림 10-28 난징 중산릉.

그림 10-29 중산릉의 제당.
_샤오모 그림

는 제당까지 이른다. 이 모든 과정에서 경사도는 완만하게 시작하여
점점 가파르게 변함으로써 관람객들로 하여금 점차 높은 곳을 흠모

하게 만드는 엄숙한 분위기를 조성한다. 드넓은 계단은 규모가 크지 않은 제당과 기타 건축물과 이어져 하나의 총체를 완성하여 장엄한 효과를 자아낸다. 중산릉 전체의 평면은 종鐘 모양으로 '경종'의 의미를 담고 있다.

제당의 평면은 사각형에 가까우며 네 귀퉁이에는 각실角室이 있다. 외관은 겹처마 헐산식이고, 지붕은 청유리 기와로 덮여 있다. 각실은 아래 처마보다는 높아 4개의 견실한 벽식 교각을 구성한다. 벽과 기둥을 이루고 있는 흰 돌에 파란 하늘과 초록의 나무가 어우러져 고상하고 깨끗하며, 차분하고 엄숙하다.

1949년 이후, 중국의 건축은 세계와 단절됐다. 건축 설계와 사상은 소련을 따랐으며, 중국의 빈궁한 사정으로 인해 대부분의 건축물은 검소하게 지어졌다. 1970년대 말부터 시작된 신시기부터 건축 창작은 비로소 정상적인 길로 들어섰다.

난징 대학살 기념관은 30만 명의 희생자와 그들의 피땀, 국가의 치욕을 기리기 위한 건축물로, 대학살이 일어났던 13곳 중 하나인 난징의 강동문江東門에 위치하고 있다.

기념관의 설계는 환경의 분위기를 중시했다. 남쪽 입구에서 들어가면 광장 북단에 '재난을 당한 금릉金陵'을 주제로 한 대형 조각품이 있다. 머리, 발버둥치는 손, 칼과 훼손된 성벽 등이 피눈물의 역사를 집약하여 재현한다. 여기서 서쪽으로 걸으면 진열관 북쪽, 기념관에서 가장 높은 곳에 이른다. 남쪽을 향해 한 단계씩 오르면, 중국어, 영어, 일어로 새겨진 '희생자 30만'이라는 큰 글자가 갑자기 눈앞에 나타나 보는 이의 마음을 아프게 한다. 진열관의 옥상에서 전체를 바라보면 넓게 펼쳐진 조약돌이 모든 생기를 차단하여 처량하고 비분한 정경을 참담하게 드러낸다. 고목과 어머니의 조각상, 중국 인민

그림 10-30 일본군에 의해 자행된
난징 대학살의 희생자 기념관 입구.

그림 10-31 일본군에 의해 자행된
난징 대학살의 희생자 기념관 광장
바닥.

들의 수난을 표현한 부조가 비분의 감정을 더욱 두드러지게 한다. 조
약돌로 채워진 광장 주변의 푸른 잔디는 생과 사의 투쟁을 보여준다.
반지하의 유골실 안은 유골이 층층이 쌓인 지층의 단면을 보여준다.
서쪽에서 진열관으로 향하는 통로 양쪽의 기울어진 벽은 마치 묘도

그림 10-32 황제릉 전경.

그림 10-33 황제릉 헌원전.

墓道와 같다.

기념관 안팎의 벽은 모두 석재로 쌓아 올렸다. 청석을 이용하여 벽을 쌓아 장엄하고 통일된 색감을 나타냈다. 기념관은 높이가 낮고 횡적인 구도를 채택하여 되도록 튀지 않게 했으며, 환경 분위기 부각에 중점을 두었다.

황제릉黃帝陵은 산시陝西성 차오산橋山에 자리 잡고 있다. 2004년에 지어진 황제릉의 헌원전軒轅殿은 중화민족 공통의 조상이며 '인문초조人文初祖'라고 불리는 헌원 황제의 사당이다. 헌원전은 중국 전통 예술의 경지와 현대 건축이 중시하는 간결한 조형미를 지니고 있다. 외관과 사당 내부 전체에서 피어나는 경건한 분위기는 지붕 아래 첩삽疊澁과 투조 방식으로 조성된 원형 천장에서 들어오는 빛, 무량사武梁祠에서 가져온 헌원의 수수하면서도 고풍스러운 부조 조각상 등에서 표현된다. 이것들은 모두 중국의 정신 위에 서 있으며, 고금의 우수한 성과와 기개를 광범위하게 내포하고 있다. 이처럼 예술적 경지에 중점을 둔 창작은 넓고 포용력 있는 도량과 비범한 기세를 드러낸다.

공자연구원(1999)은 산둥 취푸曲阜 공묘孔廟 남문의 대성로大成路 서쪽에 있다. 연구원 내에는 동서와 남북으로 두 개의 중심선이 관통한다. 동쪽과 서쪽 끝에 각각 패방이 하나씩 세워져 있으며, 그 사이에는 광활한 중심 광장인 벽옹辟雍 광장이 있다. 광장은 80평방미터 크기로, 북쪽의 본관이 광장을 내려다보는 형상이다. 광장의 동, 서, 남쪽의 삼면은 긴 회랑이 둘러싸고 있다. 정중앙에는 바깥쪽이 네모지고 안쪽은 원형인 연못으로 둘러싸인 터가 있다. 광장의 정북쪽에는 30미터 높이의 본관이 있다. 본관은 88.8평방미터의 크기로 4층 높이며, 높은 대 위에 지어진 명당明堂식 전통 건축물의 구조를 참고했다. 중심선 서쪽에 위치한 회의센터 역시 장대한 크기를 뽐낸다.

광장과 건축물 각 부분은 천원지방天圓地方, 천창지황天蒼地黃, 금성옥진金聲玉振, 칠십이현七十二賢 그리고 오행五行, 오제五帝, 오색五色, 오방五方, 오음五音, 오미五味 등 각종 숫자, 색채, 인물의 상징들로 가득 차 있다.

공자연구원은 위풍당당하고 도량이 넓으며, 간결하고 질박하다. 한대漢代 건축의 우아한 정취를 풍기면서도 현대 건축이 강조하는 총체적인 조형 원칙과도 부합하기 때문에 농후한 현대적 감각을 자아낸다.

그림 10-34 취푸의 공자연구원.

중국의 개방이 더욱 가속화되고 도시 건설이 나날로 복잡해지면서 1990년대 중반 이후 중국 건축 창작은 일련의 새로운 문제와 맞닥뜨렸다. 중국문화에 대한 이해가 부족한 외국 건축가들이 중국으로 밀려들면서 중국 전통문화를 홀시하고 독특하고 기괴한 서구의 아방가르드적 작품들이 생겨나고 있다. 그 작품들은 저속한 은유를 내포하고 있거나 에너지와 자원을 낭비하는 등 큰 논쟁을 야기했다.

우리에게는 이제 두 가지 임무가 있다. 첫째, 건축을 예술로 인정하지 않는 주장에 반대해야 한다. 현실적인 건축 창작은 '실용적, 경제적, 미적' 기준을 준수해야 한다. 또한 고층 빌딩 같은 건축물도 시대성과 민족성, 지역성과 예술·문화적 요구를 반드시 구현해야 한다. 그리고 이것을 건축 창작이 추구해야 할 방향과 평가의 기준으로 삼아야 한다. 둘째, 건축의 예술성을 단편적으로 강조하면서 건축의 본질을 위반하는 경향, 즉 '건축'을 일종의 '순수예술'로 보고 자아 표현을 위해 기이함, 독특함, 기괴함을 추구하는 소위 '아방가르드'에 반대해야 한다. 중국의 건축 창작은 건축의 본질로 돌아가, 자원 절약, 환경 보호, 지속 가능한 발전 등을 전제 조건으로 고려해야 한다.

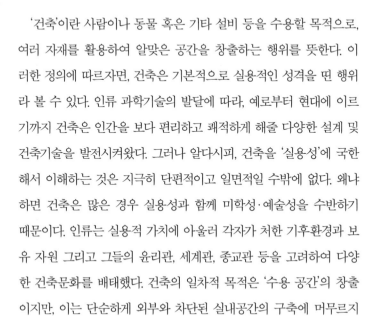

'건축'이란 사람이나 동물 혹은 기타 설비 등을 수용할 목적으로, 여러 자재를 활용하여 알맞은 공간을 창출하는 행위를 뜻한다. 이러한 정의에 따르자면, 건축은 기본적으로 실용적인 성격을 띤 행위라 볼 수 있다. 인류 과학기술의 발달에 따라, 예로부터 현대에 이르기까지 건축은 인간을 보다 편리하고 쾌적하게 해줄 다양한 설계 및 건축기술을 발전시켜왔다. 그러나 알다시피, 건축을 '실용성'에 국한해서 이해하는 것은 지극히 단편적이고 일면적일 수밖에 없다. 왜냐하면 건축은 많은 경우 실용성과 함께 미학성·예술성을 수반하기 때문이다. 인류는 실용적 가치에 아울러 각자가 처한 기후환경과 보유 자원 그리고 그들의 윤리관, 세계관, 종교관 등을 고려하여 다양한 건축문화를 배태했다. 건축의 일차적 목적은 '수용 공간'의 창출이지만, 이는 단순하게 외부와 차단된 실내공간의 구축에 머무르지 않았다. 그것은 자신들이 바람직하게 여기고 궁극적으로 추구하는 가치와 의미를 담고 있는 현세의 '이상적 세계'로 기능하곤 했던 것이다. 그러한 공간을 통해, 인간은 자신을 미적으로나 윤리적으로 완성시켜 나아갈 수 있다고 믿었고, 특정한 인물이나 집단의 권위와 힘을 영속화하여 사회를 안정시킬 수 있다고 여겼다. 이런 점에서, 건축은 여느 예술 행위와 마찬가지로 대단히 복잡하고 풍부한 의미를 지닌 활동으로 인정되어 왔다.

이 책은 동서양을 막론하고 건축이라는 행위가 지닌 그와 같은 '복잡성'을 독자들에게 비교적 쉽고 간명하게 전달할 목적으로 쓰였다. 책의 저자인 샤오모蕭默(1938~2013)는 중국의 저명한 건축사학자이자 건축이론가로, 중국 후난 성에서 태어나 베이징의 명문 칭화 대학에서 건축학을 전공했다. 이후 중국 정부 산하 기관에서 건축 관련 연구원으로 종사했고, 칭화 대학 건축과에서 발간하는 잡지 『건축의建筑意』의 편집주간을 맡기도 했다. 그는 공직에서 은퇴한 2000년 이후 동서양 건축사와 관련 이론에 관한 연구를 꾸준히 지속하여 『세계건축世界建筑』(1991), 『중국건축예술사中國建筑藝術史』(1999) 등을 출간했고, 『세계건축예술사世界建筑藝術史』 총서의 발간에도 핵심적인 역할을 담당했다. 특히 그가 주편한 『중국건축예술사』는 제12회 중국도서상(2000), 문화부 우수성과 1등상(2006)을 수상하기도 했다. 이밖에도 그는 건축 관련 논문 140여 편을 발표할 만큼 왕성한 학문적 활동을 보여주었고, 둔황敦煌 건축에 관한 연구에 있어서는 탁월한 전문성을 지닌 연구자이기도 했다. 건축학 분야에서 그가 남긴 이러한 업적들은 중국을 대표하는 건축사학자로서의 면모를 유감없이 보여준다.

『건축의 의경建筑的意境』(2014)은 저자가 임종 직전에 탈고한 유작遺

作이다. 이 책은 저자가 눈을 감은 지 정확히 1년 만에 세상에 태어났다. 또 이 책은 평생에 걸쳐 축적한 그의 건축사학 연구의 집대성이라 할 수 있다. 그는 이전의 저작에서 충분히 고려하지 못했던 새로운 성격을 자신의 마지막 저작에 부여하고자 했다. 즉 그는 '문화비교'의 관점에서 동양과 서양 건축물을 비교하되, 체계성과 압축성, 가독성을 지닌 저술 작업을 남은 생의 최종 목표로 설정해두었던 것이다. 이러한 목표를 성취하는 데 있어 "여든을 바라보던" 그의 고령은 별 문제가 되지 않았다. 그는 책임감 있고 의욕적인 태도로 얼마 남지 않은 자신의 기력을 필생의 작업을 마무리하는 데 모두 소진했다. 『건축의 의경』의 집필과 관련한 위와 같은 배경은 두말할 나위 없이 이 책을 번역한 필자에게도 깊은 감명을 불러일으켰다.

이 책은 비록 그가 이전에 집필한 저작들과 비교할 때 보다 대중적인 지향점을 지니고 있지만, 그렇다고 해서 무색무취한 '설명서'에 그치지는 않는다. 그것은 이 책 전반에서 오롯하게 엿보이는 저자 샤오모의 건축관을 통해 잘 드러난다. 특히 책의 말미에서 그가 제기하는 '아방가르드' '포스트모더니즘' 경향에 대한 비판은 '건축'에 대한 그의 뚜렷한 관점을 나타낸다. 그는 건축의 예술적 성격을 중요하게 생각하지만, 그렇다 하더라도 건축과 여타 예술 장르 사이의 차이를 홀시하지 않는다. 그에 따르면 건축은 예술성과 함께 '공공성'을 지니기 때문에, 지나친 예술적 실험이 공공성에 심각한 지장을 주는 경우는 바람직하지 않다. 샤오모의 이러한 주장은 비록 지나치게 보수적이고 엄숙주의적인 몇몇 인용에 의해 뒷받침되고 있지만, 서구에서 1950년대 이후 무분별한 상업주의에 근거하여 성립된 포스트모던 건축의 문제점을 적시했다는 점에서 일정한 합리성을 지닌다고 볼 수 있다.

건축사나 건축이론에 무지했던 역자에게, 이 책의 번역은 커다란 도전이자 부담이었다. 고대에서 현대에 이르는 동서양 건축의 구조, 설계, 배치 그리고 거기에 깃든 풍부한 역사와 문화적 내함에 대한 저자의 설명(그리고 중국어 특유의 서양 고유명사 표기법)은 줄곧 번역 작업을 지난하게 만들었다. 그런 까닭에 혹여 이 책의 군데군데 역자의 무지와 세심하지 못함으로 인한 오류들이 존재할까 적이 우려스럽다. 추후 새롭게 발견되는 오류에 대해서는 기회가 되는 대로 수정을 기할 것임을 약속드리며, 아무쪼록 독자제현의 많은 지적과 질정의 말씀을 바란다.

2019년 봄, 도봉산과 마주앉아
박민호

건축의 의경

초판인쇄   2019년 4월 3일
초판발행   2019년 4월 12일

지은이   샤오모
옮긴이   박민호
펴낸이   강성민
편집장   이은혜
마케팅   정민호 정현민 김도윤
홍보   김희숙 김상만 이천희
독자모니터링 황치영

펴낸곳   (주)글항아리 | 출판등록 2009년 1월 19일 제406-2009-000002호
주소   10881 경기도 파주시 회동길 210
전자우편   bookpot@hanmail.net
전화번호   031-955-2670(편집부) 031-955-8891(마케팅)
팩스   031-955-2557

ISBN   978-89-6735-620-0   03610

글항아리는 (주)문학동네의 계열사입니다.

이 도서의 국립중앙도서관 출판예정도서목록(CIP)은 서지정보유통지원시스템 홈페이지(http://
seoji.nl.go.kr)와 국가자료공동목록시스템(http://www.nl.go.kr/kolisnet)에서 이용하실 수 있습
니다.(CIP제어번호: CIP2019012500)

This books has been supported by China Book International Project.